まぐろ三昧
まぐろの切り落し ねぎとろ 炙りが盛ってある 大変好評の一品です。
みそ汁
漬け物
甘味
付き
九九九円

茅ヶ崎 都まんじゅう

Restaurant
Sun Road
Since 1974
れすとらん
サンロード

ランチ
ボロニア
ハンバーグ
サラダ
ライス付き
¥850
本日のおすすめ
オムライス
サラダ
ドリンク付き
¥950

HALAL MEAT

鯛めし
やまだ

かつ半
営業中
サッポロ

レストラン
白馬
TEL 六三一五七八九

太利夢
香港飲茶
えぞ料理
ユック
B.1

Lunch
牛ハラミ定食 945円
牛生カルビ定食 1134円
牛生カルビ+
牛ハラミ定食 1433円

めしや dining
遊庵
定食の店
ZIMA

中華そば
大沢屋
中華麺
中華そば

キッチン 友
お2階へどうぞ
営業中
ハンバーグランチ
メンチカツランチ
歩行禁煙にご協力下さい

和洋食
一福

ひろもと

北京料理・ぎょうざ
萬里
☎231-8011
座敷で宴会できます

さばの塩焼定食 七五〇
さんまの塩焼定食 七五〇
金目の煮付定食 九八〇
銀だらの煮付定食 八八〇
カレイの煮付定食 八八〇
豚カツ定食 九〇〇

BIENVENIDO

酒・お食事の店
かわはら
カレーライス
天ぷらそば
定食
酒・そば
かわはら

東海酒家

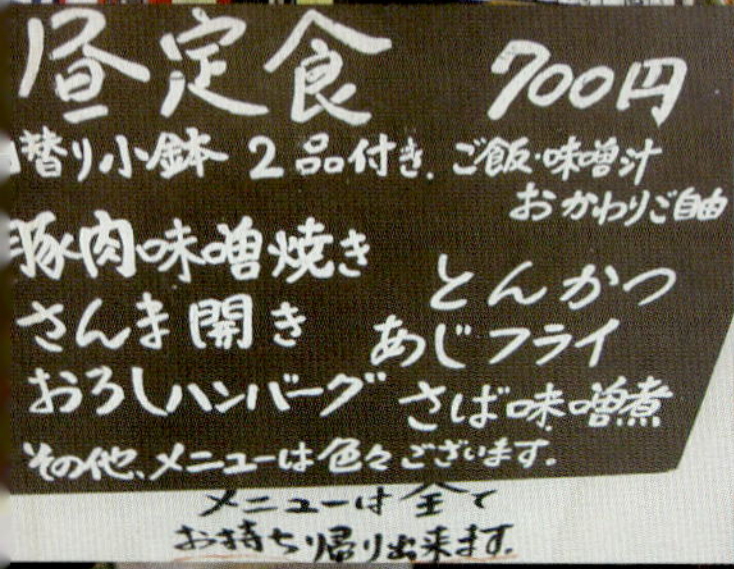
昼定食 700円
替り小鉢 2品付き、ご飯・味噌汁
おかわり自由
豚肉味噌焼き
とんかつ
さんま開き
あじフライ
おろしハンバーグ
さば味噌煮
その他、メニューは色々ございます。
メニューは全て
お持ち帰り出来ます。

中国料理
美珍
BICHIN
BICHIN

丸亀
食事処
KIKUCHI UNYU

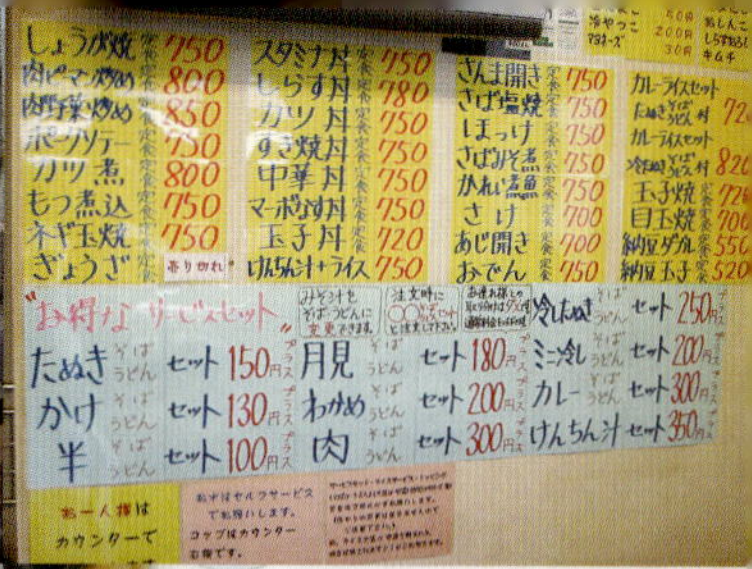

しょうが焼 750
肉ピーマン炒め 800
肉野菜炒め 850
ポークソテー 750
カツ煮 800
もつ煮込 750
ネギ玉焼 750
ぎょうざ
スタミナ丼 750
しらす丼 780
カツ丼 750
すき焼丼 750
中華丼 750
マーボ丼 750
玉子丼 720
けんちん汁+ライス 750
さんま開き 750
さば塩焼 750
ほっけ 750
さばみそ煮 750
かれい煮魚 750
さけ 700
あじ開き 700
おでん 450
カレーライスセット
目玉焼
お得なサービスセット
たぬき そば うどん セット 150円
かけ そば うどん セット 130円
半 そば うどん セット 100円
月見 そば うどん セット 180円
わかめ そば うどん セット 200円
肉 そば うどん セット 300円
ミニ冷し そば うどん セット 200円
カレー そば うどん セット 300円
けんちん汁 セット 350円
冷したぬき そば うどん セット 250円

CAFE&GRILL
Perry
どぶ板食堂

Perry
どぶ板食堂Perry ランチメニュー
まぐろアボカド丼
(サラダ付) 600円
とり唐揚げ丼
600円
ロコモコ
800円
★ドリンクセット ... プラス100円
★日替わりスープセット ... プラス100円
★ドリンク&スープセット ... プラス200円
★グラスビールセット ... プラス300円

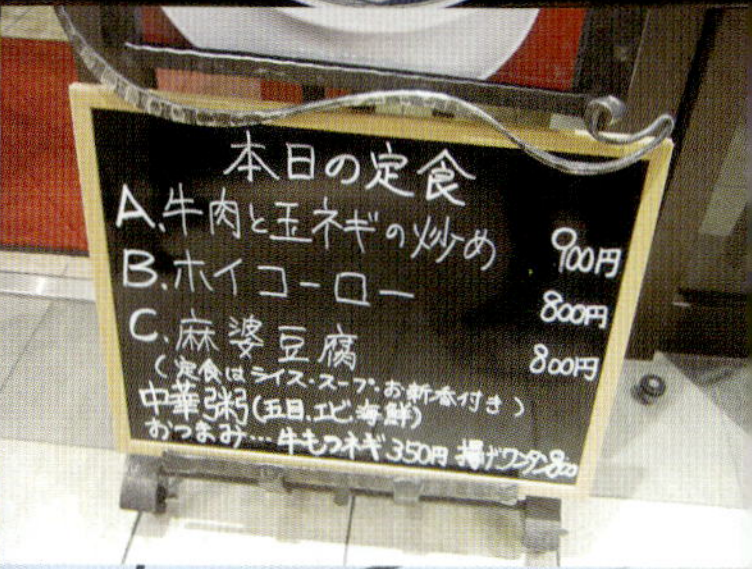

本日の定食
A.牛肉と玉ネギの炒め 900円
B.ホイコーロー 800円
C.麻婆豆腐 800円
(定食はライス・スープ・お新香付き)
中華粥(五目、エビ、海鮮)
おつまみ…牛もつネギ350円 揚げワンタン

いらっしゃいませ
お食事処
営業中
定食

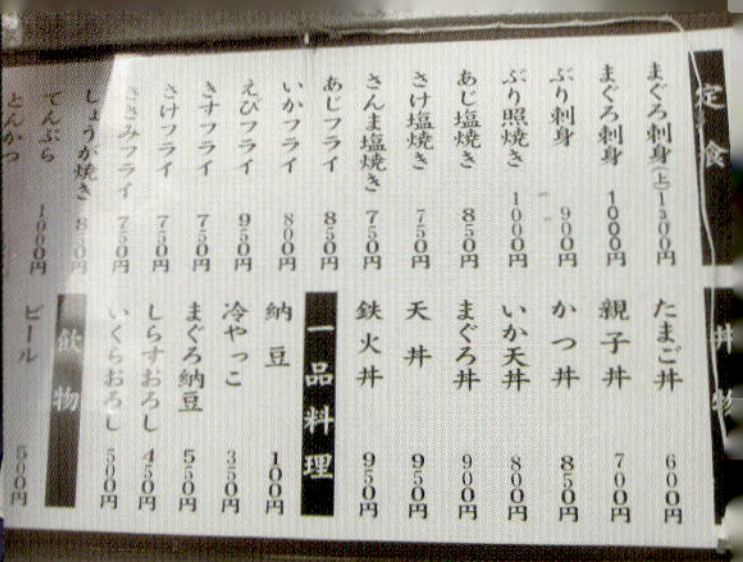
定食
まぐろ刺身(上) 1300円
まぐろ刺身 1000円
ぶり刺身 900円
ぶり照焼き 1000円
あじ塩焼き 850円
さけ塩焼き 750円
さんま塩焼き 750円
あじフライ 850円
いかフライ 800円
えびフライ 950円
きすフライ 750円
さけフライ 750円
ささみフライ 750円
しょうが焼き 850円
てんぷら 1000円
とんかつ
丼物
たまご丼 600円
親子丼 700円
かつ丼 850円
いか天丼 800円
まぐろ丼 900円
天丼 950円
鉄火丼 950円
一品料理
納豆 100円
冷やっこ 350円
まぐろ納豆 550円
しらすおろし 450円
いくらおろし 500円
飲物
ビール 500円

サンマーメン 850
焼ソバ (カタヤキ) 900

かもめ文庫 ㊅

今 柊二 著

かながわ定食紀行 もう一杯!

はじめに ステキな店の探し方

時折、「どのようにステキなお店を探すのですか？」と聞かれる。私は常日頃、頻々と移動しているので、その途中に目星をつけることが多い。一方、知人に教えてもらったり、はたまた書籍やＷＥＢなどで「これはよさそうだ」と思う店に行くこともある。そんなときとても面白いのはとんかつ屋Ａを目指しているはずなのに、途中にとても気になる洋食店Ｂが見つかってしまい、そちらに入って大当たりというようなケースが少なくないことだ。まさに「良い定食屋群生理論」にほかならないが、こんなところも定食スポット探しの醍醐味でもある。

最近はスマホなどでおいしいと評判の店をただひたすらに目指す人もいるみたいだけど、できれば自分の感覚を磨くためにも、その店を目指す途中で周りをきょろきょろと眺めて良さそうな店を探してほしい。たまには失敗するだろうけど、そのうちにだんだん上手になって、事前情報に頼らず良い店を探す力が徐々についてくるのだ。

さて、2006年から始まった『かながわ定食紀行』も2012年で7年目に突入し、文庫も本書で3冊目となった。これはひとえに私の連載を愛読してくれている読者の皆さまのおかげにほかならない。ありがとうございます。また、連載を開始した7年前以上に私の定食察知能力は格段に上昇している。もし世界大会があれば相当上位に食い込めると確信する(そんな大会はありません)。

今後もさらに精進を重ね、「ああ、ご飯をもう一杯!」と言いたくなるような、おいしい定食のレポートを読者の皆さまにお送りしたい所存であります。

今柊二

目次

＊店舗情報は取材時のものです。追加取材で確認しておりますが、メニューや価格など変更されている場合もございます。あらかじめご了承ください。

101話からはじまるよ！

101 肉汁たっぷり 手作りハンバーグ

カフェ・エ・バール・ブラン

相模鉄道で横浜から湘南台駅まで行く。結構「乗りがい」があるなあ。特に二俣川駅で別れていずみ野線に入ったとたん、のんびりした風景になる。緑が目にまぶしいね。特にゆめが丘駅近辺はのびのびしているなあ。かくして湘南台駅にたどり着き、西口の地上に出る。用事があるので、ここからバスに乗らねばならないが、その前にこの駅近辺で昼のご飯を食べていこう。

駅前を歩いていて、ふと見上げると、ある建物の2階にギネスビールの看板がある。さらによく見ると、ビジネスランチというのをやっているのがわかった。値段はなんと500円。うん、こりゃいいやと即決して階段を上る。どうもバーが昼のサービスとしてランチをやっているようだ。店内はバーなのでやはりシックな感じ。遅めのランチを食べている女性たちが数人いる。ちなみにパスタランチ780円な

串カツがおまけのようでいいね

どもある。

奥の席に座り、ビジネスランチを注文。また、コーヒーも100円で付けられるので付けちゃおう。店内のテレビではなぜか韓国ドラマをやっていたので、ぼんやりとそれを見ているとまずはスープが登場。しかる後にビジネスランチ登場。おお、ワンプレートランチですね。

まずはスープを飲む。トマトスープで、ニンジンや玉ねぎなどいろいろ入っている。平麺パスタが入っているのが面白いね。続けてメインにいこう。メニューは自家製ビーフハンバーグステーキと串カツ。ハンバーグは中央が凹んでいてこれはやはり手作りだ。食べると肉汁たっぷりで実においい

しい。店の良心があふれているよ。
ポーションされたご飯をバクバク食べる。付け合わせの串カツも誠実な味だ。野菜もたっぷり付いていて、栄養のバランスもとてもいいね。かくして完食し、後にコーヒーを飲む。これまたたっぷりした量で、丁寧に淹れたおいしいコーヒー。またしても韓国ドラマを見つつ、優雅な食後のコーヒータイムを楽しんだのだった。（2010年4月11日）

＊追記　2012年6月時点で値段の変更はないそうです。

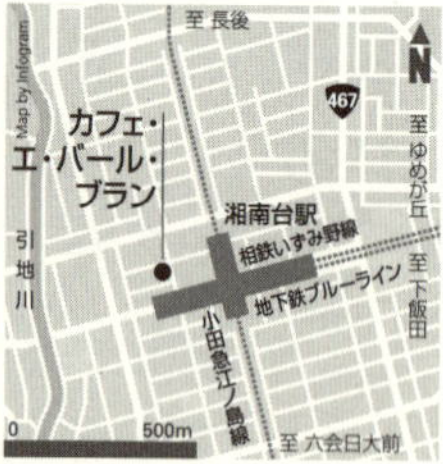

★カフェ・エ・バール・ブラン
藤沢市湘南台2－6－9 2階
☎0466(45)4365
ランチは日曜と木曜休み、夜間は無休。湘南台駅から徒歩1分。

102 鉄板の上でオシャレな創作料理
キッチン・タコ（番外・大阪編）

小雨の降る御堂筋を19時に心斎橋に向かって歩いていた。船場のあたりのオフィス街が徐々に賑やかなミナミの雰囲気になっていくのがなんともいいね。さて、心斎橋の東急ハンズのそばに大阪農林会館というクラシックなビルがあり、その1階にあるのが〈キッチン・タコ〉。

少し前の関西の情報誌で、この店にトルコライス８８０円があると判明していたのだが、なかなか訪れることができなかった。情報誌によると、夜の時間（17時〜）のみ食べられると記してあったのも足が重かった理由の一つだった。

いずれにしても、なんだか限定ぽくてちょっと不安だったこともあり、事前に電話すると、来店すれば食べることができますよとウエルカムな感じだったので、ついにやってきたのだ。

かなり「異形」のトルコライスではあった

さて、店内はオシャレなダイニングバーという感じで、夜は酒を飲むのはもちろん、ご飯だけ食べにきてもいいそうだ。ちなみに同店のトルコライスはマスターの創作料理とのこと。なるほど。さて、マスターが作ってくれて出てきたトルコライスを見てびっくり。

今までのものとまったく違うスタイル。熱々の鉄板の上にドライカレーが敷かれ、その上にニンジン、キュウリ、プチトマトなどの生野菜が載り、中央に半熟の玉子がある。よく混ぜて食べるそうで、混ぜていくと、鉄板の上でご飯がところどころおこげになっているのがわかる。おいしそうだ。

早速食べてみると、やはりカレー的な味

わい。マスターによると、ライスはカレーソースとトマトソースをベースに鶏肉を入れて、焼きリゾットのように仕上げたそうだ。確かにこれはオシャレな創作料理で、今まで出会ってきたトルコライスのなかでもかなりユニークな方だ。

ただ、カレーソースなどベースの味がいいからだろうが、サクサク食べることができて、おいしい食べ物であることは間違いなかった。ちなみに、この店はカレー関係もおいしいそうです。（2010年4月25日）

★キッチン・タコ　大阪市中央区南船場

＊追記　2012年6月時点の調査では閉店した模様。残念。大阪農林会館の建物もステキだったんだが。

103

「サバ塩」醤油かけ

絶妙なおかず

ひろもと食堂

東急東横線を元住吉駅で降りる。数年前に新しくなって、長〜いエスカレーターを降りて地上に着く。東口の古書店を見た後に、昼ごはんを食べて行こうとフラフラしていると、見えてきたのが「定食」と記したのぼり。

「これは！」と思って、店を見ると魚系のステキな定食メニューがズラリ。こりゃ入るしかないと思って、入店。カウンターと少しのテーブルのこぢんまりとした店内。お姉さんたちが3人で切り盛りしている。

テーブルに座り、何にしようかと思ったが、ここはやはり大好きなサバの塩焼き定食にしよう。７５０円。お茶を持ってきてくれたお姉さんに「サバ塩」とお願いする。お茶を飲むと、ちょうど良い濃さ。こりゃ、期待できると思ったら、机の上にスポーツ新聞もあり、サービス満点だ。

煮物の小鉢がうれしい

店内には先客が2人いて、さらに1人入ってきて、いきなり「マグロ」と。常連が多いようですね。さて、私のサバができたようで、お姉さんたちが定食のセットを始めているのがわかる。ご飯をよそいつつ「このくらい食べられる?」と見せてくれる。「はい!」とうなずくと気持ちよく大盛りに。

最初にご飯、味噌汁、漬物、小鉢がきて、少し間をおいてサバ登場。おお、デカイ!半身のサバだよ。ではまず味噌汁から。お揚げ、青菜、玉ねぎたっぷりで、もう飲んでいるだけで元気になりそうだ。

うまいと感動しつつ、サバに移行。たっぷりと付いた大根おろしに醤油《しょうゆ》をかけてプ

リプリのサバの身をとって食べる。サバの脂を大根おろしが受け止め、絶妙なおかず力に。こりゃすごい。こんにゃく・ちくわ・ゴボウの煮物の小鉢も、キュウリ・大根・大根の葉の漬物も素晴らしいが、それらを受け止めるご飯がとてもおいしい。

久々に直球でおいしい定食だよ。なんだか涙が出てきた。満足して完食後、会計時に「本当においしかったです」と伝えると、「うちは何でもおいしいですよ！」と美人のお姉さんたちが笑顔で応えたのだった。（2010年5月10日）

＊追記　2012年6月時点で値段の変更はないそうです。「うちはウナギがおいしいんだから食べにいらっしゃいよ」と。はい行きました。スバラシかったです!!

★ひろもと食堂
川崎市中原区木月2－6－10
☎044(422)1837
火曜定休。東急東横線元住吉駅から徒歩3分。

104 久々の中入れ方式に大満足 キッチンさし田

本牧にトルコライスがあるという情報を得た。これは行かねばならないと思い、とりあえずJR根岸線を山手駅で降りて、本牧通りに出てひたすら歩く。天王町に住んでいたころはよくサイクリングに来ていたのでとても懐かしい。マイカル本牧までやってくるとあまりの変わりようにとても驚く。

かつて1990年前後は高級ブランド品を買いにくる鼻息の荒い場所だったが、今はスーパー部門などが残ったとてもおとなしいところになってしまった。さて、さらに歩いて左折し、吾妻神社のそばにあるのが〈キッチンさし田〉。13時近くだったが、まだ近所の人たちのランチタイムだったようで店内は混んでいる。

テーブルに座り、メニューを見るとありましたよ！　トルコライス！　710円。注文すると、おかみさんが昼のサービスで冷奴、めかぶ、味噌汁のいずれかが付く

昼のサービスで冷奴などが付くのもエライ

ということなので、冷奴をもらう。

しばし待った後にトルコライス登場。これは久々の中入れ方式だ！　ケチャップを上部にあしらったケチャップライスの中にトンカツが入っている。お皿の上の付け合わせはキャベツと福神漬け。トンカツはサクサクで、素晴らしい揚げ具合。またケチャップライスの炒め方も絶妙だ。やや大ぶりのピーマン、玉ねぎ、ハムが入っている。

すごいボリュームだったが、満足して食べ終え、ご主人にお話を聞く。この店は35年目。それ以前は蒲田のミスタウン（以前あった映画館街）でやはり洋食店を出していたそうで、そのころからのメニューだそうだ。

何でも当時は川崎にもトルコライスを出す店があったそうだ。

そう言えば、以前紹介した武蔵小杉駅近くのかどやのトルコライスととても似ている。川崎とトルコライスは何とも縁があるのだなあと思った。また、キッチンさし田には、やはり蒲田時代から続いている「ラゴットポーク定食・960円」というさらに珍しいものもあります。これは今度食べに来よう。（2010年5月23日）

＊追記　2012年6月時点で値段の変更はないそうです。いやあ、さし田さんのおかげで、トルコライス研究がさらに進んだ感じだよ。ちなみに、本文に出てくるミスタウンは蒲田の人に聞くと超メジャーなところだったとのこと。

★キッチンさし田
横浜市中区本牧原29－2
☎045(623)9962
日曜定休、祝日は昼の部休み。マイカル本牧から徒歩5分。ＪＲ根岸線山手駅から徒歩25分。バス停「本牧原」から徒歩３分。

105 うまみ凝縮 丁寧な レバニラ炒め 中国料理 東海酒家

ある読者の方からステキなお店があるので訪れてほしいと本紙編集局に連絡をいただいた。それならばということで、よく晴れた土曜の昼間に訪れた。場所は関内。横浜市営地下鉄の関内駅のすぐそばだ。目指す店の名は〈東海酒家〉。中華料理店です。到着すると、昼だったせいもあって店の表には、とり肉の唐辛子炒め、エビのチリソース炒め、スブタなどいくつかのランチのメニューが出ている。

よしよしと思って入店すると、比較的こじんまりとした店内。テーブル席に座ると、すぐに冷たいお茶とおしぼりが出てくる。表のメニューと机の上のメニューがやや異なるが、表のメニューには記してなかったランチの「レバニラ炒め」が気になったのでこれを食べることとしよう。杏仁豆腐、ザーサイ、スープ付きで750円。

杏仁豆腐もうれしい

レバニラは食べると元気がもりもり出るからね。言うまでもなく定食の定番ですね。

さて、店内には、私のほかに一人客のご老人やご婦人など、人生の諸先輩方がいらっしゃる。炒め物など料理を食べつつビールなど酒も飲んで、時折店の人と楽しげに話をしている。

こりゃ、なんとも「居心地の良さ」パワーが店内に満ちているなあと感じ入っていると、私の料理が登場。おお、ステキな定食だ。まずはスープから飲もう。ワカメと玉子のスープで親しみやすい味で心が落ち着く。続けてレバニラにいってみよう。レバー、ニラ、もやしの炒め物で、食べるとレバーが丁寧に下ごしらえをしてあるのが

わかる。味付けはほどよい濃さ、火加減も上手なのだろう絶妙な柔らかさ。レバーのうまみが凝縮されている感じだ。

細切りのザーサイもいい。さらに特筆すべきはご飯。そう、ご飯がとてもおいしいのです。中華料理店の場合、料理はとてもおいしいけど、ご飯がもうちょっとだけどなあというときがあるけれど、ここはもう抜群のよさで、思わずお代わりをもらってしまった。（2010年6月6日）

＊追記　2012年6月時点で値段の変更はないそうです。こういう形で読者の方から連絡をいただいて店に伺うのは楽しいですね。

★中国料理　東海酒家（とうかいしゅか）
横浜市中区常盤町５－66
アイム馬車道１階
☎045(212)1708
日曜定休。ＪＲ根岸線関内駅から徒歩３分。横浜市営地下鉄関内駅からすぐ。

106 ホテルイタリア軒 ビストロマルコポーロ（番外・新潟編）

名店で味わう横浜発祥の絶品ランチ

全国にはキラ星のごとくステキな洋食店があるが、なかでも名店の誉れ高いのが新潟のイタリア軒。先日新潟に用事ができたので、イタリア軒に泊まろうと思って（ここホテル付きです）、ホームページ（HP）を見ていると、レストランで「横浜レトロランチ」（1600円）があるのを見つけた！

なんでも横浜ベイスターズが新潟で巨人戦をやるので（5月8・9日）、それを記念してチケットも当たる限定メニューを用意したようだ。ただ、訪問時にはそのランチは終了している。残念。しかしダメ元でホテルに電話してお願いすると、特別にこしらえてくれるとのこと。うれしいね。

ということで後日ホテルを訪れる、このメニューがあった1階の〈ビストロマルコポーロ〉に入る。シェフにごあいさつして早速作っていただく。ちなみにこのイ

なんだかものすごい「ごちそう」でした

タリア軒、1874（明治7）年創業で、日本屈指の伝統を誇る洋食店。ミートソースは日本初だそうだ。

さてランチが登場。ポタージュスープ、サラダに続き、グッグッ音を立てつつ、出てきたのはシーフードドリア。デザートも一緒に出してもらったので続けてプリンアラモード、そしてコーヒーもやってきた。シーフードドリア、プリンアラモードともに、ホテルニューグランド発祥の料理で、敬意を表してこのメニューをこしらえたようだ。

では、早速いただこう。ドリアは焦げ目の香ばしさとホワイトソースのまろやかさが素晴らしく、とても丁寧な味。海老、イカ、小柱、カラス貝など新鮮な魚介類もふんだんに入りうれしい限り。伝統の洋食屋の底力を実感。続けてデザートのプリンアラモード。プリン、アイス、フルーツの競演！

　こってりしたドリアから爽やかなデザートに移行し気持ちが改まる。バニラアイスの爽やかさとプリンの濃厚さがたまりません。大満足だ。ちなみに、このランチは限定なのでもう食べられないけど、伝統のミートソースも絶品なので、みなさんも新潟を訪れる機会があればぜひ食べてください。（２０１０年6月20日）

＊追記　本文にある通り、これは限定メニューだが、ホテルイタリア軒は素晴らしいホテルです。訪問時お話をいただいた新田見さんに「新潟に今度いらしたら、定食食べに行きましょう！」とお誘いいただいた！

★ホテルイタリア軒
ビストロマルコポーロ
新潟市中央区西堀通七番町
1574
☎025(224)5111
無休。新潟駅からタクシー
約10分。

107

ホテルニューグランド本館1階「ザ・カフェ」

幸せ運ぶ戦前の味を継承

前回新潟で「横浜レトロランチ」を食べたので、今回はホテルニューグランドで元祖シーフードドリアを食べよう。ヨコハマが好例であるように、よいホテルはその街の食事レベルを著しく向上させる。ホテルで修行したコックが自分で店を出したり、また街の人々がホテルでおいしい料理を食べて、街の「舌」のレベルを上昇させるからだ。

さてシーフードドリアは、ホテルニューグランドの〈ザ・カフェ〉で食べられる。この店は、きちんとしたおいしい洋食をちょっとだけ背伸びした値段で出してくれる。個人的なよい思い出も結構ある店だが、まあいいや（笑）。

ということで、平日の13時過ぎにザ・カフェにたどり着く。この時間でも依然店はご婦人たちを中心に賑わっている。しばし待った後入店し、シーフードドリア1

すべてがカッコよくておいしいニューグランド

995円（サービス料別）を注文。窓際に座れたので水を飲みつつしばし待つ。

ちなみにこのホテルの洋食は、ヨコハマの生んだ作家・獅子文六が「ほんとの洋食の匂い」がするとエッセーで記している。実は現在「作家と定食」という本を書き下ろしていて、獅子文六を書く参考にするため今回訪れたというのもあるのだった。

かくしてドリア登場。目の前のドリアはちょっと焦げ目も付きおいしそうだ。早速スプーンですくって食べる。上品なベシャメルソース、プリプリのエビなどの具、そしてライスが一体化し優しいおいしさとなって口の中に幸せを運んでくる。

そもそもこのドリアは、初代料理長のサ

リー・ワイルが戦前に、風邪気味の銀行家の客のため、のどの通りのよいものをということで考案したそうだ。そのレシピが戦中、戦後を超えて現在まで継承され、21世紀の我々をも幸せにしてくれていることに感動する。

かくして満足して完食。ちなみにプリンアラモードも同店が発祥で（これは戦後です）、これまたおいしい。よし今日はそれも食べようと店の人を呼んだのだった。（2010年7月4日）

＊追記　横浜に暮らしたものとして、ホテルニューグランドの紹介ができるのはとても誇らしい。おまけに座談会もできて実にうれしかったですよ。２０１２年６月現在、値段の変更なし。

★ホテルニューグランド
本館１階
「ザ・カフェ」
横浜市中区山下町10番地
☎045(681)1841
無休。みなとみらい線元町・中華街駅１番出口から徒歩１分。

108

野菜の味楽しめる あんかけ丼

美珍

いろいろ大変なことがあると行く街がある。その街をただふらつくだけで、心が癒やされるのであった。男はそういう街をいくつか持っておきたいものだ。私の場合は、それは白楽であり、伊勢佐木町だ。さて、大事な用事が一段落し、時間があったので、東急東横線を白楽で降りる。西口に出て、六角橋商店街に出るとすぐ目に入るのが〈美珍《びちん》〉。ふらふらする前にまずここでご飯を食べていくこととしよう。

ちょうどお昼だったので、ランチをやっていた。野菜のあんかけ丼が気になったので、これを食べよう。609円。ほかにも、肉と野菜のスタミナ定食819円、ラーメン・半チャーハン819円などいろいろあるけれど、全般的にこの店は量も多いんだよねと思いつつ、店内に入ると結構込んでいる。

運よく、テーブル席が一つ空いたのでそこに座って注文してしばし待つ。すぐ出

ボリュームもたっぷり！

てきた水が冷たくておいしい。隣の作業服のおじさんたちが巨大な器に入った麺とチャーハン、餃子をバリバリ食べていて、なんとも景気がいい。

その光景を見ていると、私の野菜のあんかけ丼も登場。おお、スープとザーサイも付いていて、定食的様相を示しているな。この場合、丼の上に載ったあんかけが、おかずにあたるわけだ。ではまずスープを。ワカメと玉子の優しいスープ。続けて野菜のあんかけ丼を端っこからレンゲで食べる。

中華料理は火加減が大事だが、ここ美珍の炒め物はなかなかスバラシイ。野菜のシャリシャリ感が絶妙で、パクパク丼を食べ進めてしまう。このリズミカルな感じが

丼もののよさですね。また、もやし、ニンジン、キャベツ、ニラ、たけのこなど野菜もバラエティーに富んでいて、いろんな味を楽しめるのでいいね（肉も入っている）。かくして満足して食べ終える。

ちなみにこの美珍、近所の武相中高の学食も任されているそうです。街の中華料理店が学校の食堂をやっているのはとても珍しいですね。（2010年7月18日）

＊追記　2012年6月現在、値段の変更なし。ちなみに同店が任されている武相中高の学食はものすごいボリュームとのこと。

★美珍（びちん）
横浜市神奈川区白楽125
☎045(432)0381
無休（8月14、15日は休む予定）。東急東横線白楽駅から徒歩1分。

109

肉と魚 情熱的な充実ランチ

カサ・デ・フジモリ

初めて行った海外旅行がスペインだった。ガウディの建物が見たくてバルセロナが目的地だった。あれは１９８８年のことだ。ガウディの建築は街に溶け込んでいて、想像以上に素晴らしかったが、バルセロナの街が渋谷みたいに若者で活気があったので驚いた。今もそうなのだろうか。またスペインは全般的に食事がおいしかった。肉も魚もご飯もパンもあるのがいいところだ。

さて、そんなスペイン料理を横浜で食べるとすれば〈カサ・デ・フジモリ〉だ。ここは老舗ですね。たまたま平日の14時に通り掛かるとまだランチをやっていた。ランチはいろいろだったが、今週のランチプレート８９０円が良さそうだったのでこれにしようと店内に入る。

店内には遅めのランチを食べている人が結構いた。小粋なおじいさんが赤ワイン

食後のコーヒーもうれしい

飲みつつランチ食べててカッコいい。店の人に案内されて、席に座る。ここはスペイン料理店なので、パンとライスを選べるがやはりライスにしよう。さらに13時を過ぎているのでコーヒーかデザートをサービスしてくれるそうで、迷ったがコーヒーにする。

水を飲みつつ待っているとまずはスープとサラダが出てくる。しかる後にランチプレートとライス登場。おお、豪華！　なんでも「仔羊肉とポテトの揚げ煮レモン風味とアナゴのフリート」だそうだ。まずはスープから。これはコンソメで玉ねぎ入りだ。

続けてメインを。仔羊肉はわりとゴロゴロ入っている。ナイフで切って食べると歯応えがあっておいしい。柔らかい肉もいい

けど、歯応えのある肉は血が騒ぐなあ。添えられたオレンジ色のソースもおいしい。

続けてアナゴのフリート。カイワレ大根などが添えられている。これは和食で言えば、アナゴ天に近いもので、サクサクとした衣がとてもいい感じだ。つまりこのランチは肉と魚と、さらに野菜も楽しめるわけで、とても充実しているなと思いつつジャガイモを頬張ったのであった。（2010年8月1日）

＊追記　2012年6月現在、値段の変更はないそうです。関内で人と話をしながら食事をしたいときにも便利な店です。

★カサ・デ・フジモリ
横浜市中区相生町１－25
☎045(662)9474
無休（年末年始除く）。
ＪＲ根岸線関内駅から徒歩6分。

110 札幌グランドホテル「NODE43°」(番外・札幌編)

衣カラリ中身トロリ 蟹の味広がる

札幌に来た。洋食が食べたかったので今日は贅沢に札幌グランドホテルで食べていこう。このホテルは実はヨコハマと少し関係がある。というのも戦前に同ホテルの隆盛を築いた当時の同社取締役の岩田彦次郎は、ヨコハマの文豪・獅子文六の弟なのだった。

このホテルのことも獅子文六のエッセーの中に少し出てくる。ちなみに、ホテルの重厚な雰囲気、おいしいレストラン、市民が誇りに思いつつ愛しているところなど、横浜のホテルニューグランドととても似ているね。

さて、今日は一階のレストラン〈NODE43°〉で食べよう。訪れたのは17時過ぎで、まだ夕食にはちょっと早いせいか、店内にはまださほど客がいない。店のお姉さんに窓際の外の風景がよく見える席に案内される。何を食べようかと思ったが、

タダシイ蟹のコロッケ！

メニューの中で思わず目が吸い寄せられていったのが「蟹のクリームコロッケ　トマトソース」。

こういうちゃんとしたレストランのコロッケはものすごい実力があるものなので、それにしよう。ちなみに1300円（税サ込）で、ライス付きなのでそんなに高くないね。…というか、ホテルとしては安いと思う。

そんなことを考えつつ、待っていると、料理登場。おお実にカッコいいコロッケ！

トマトソースと彩り野菜（アスパラガス、ズッキーニ、ヤングコーン、ニンジン、カブなど）などで賑やかだ。早速コロッケから食べる。

…むむ、衣はカラリ、中身トロリのタダシイコロッケ。それ以上に蟹肉の身がスゴイね。口の中に蟹の味が広がり、さらに口を閉じると鼻腔まで蟹の香りが漂う。まるで蟹をコロッケに閉じ込めたようだ。素晴らしい。野菜も新鮮でとてもおいしい。

そして最後におまけのような正体がつかめないフライを食べる。…なんとこれは蟹爪フライ！　うまい！　まるで最後にとっておきのプレゼントをもらった気持ちになったのだった。（2010年8月22日）

＊追記　2012年6月現在、値段の変更はないそうです。このホテルの朝ご飯はものすごくうまい。おそらく日本の中でもトップクラス。

★札幌グランドホテル
NODE43°
札幌市中央区北1条西4丁目
☎011（261）3311
無休。ＪＲ札幌駅から徒歩10分。

111 種類もいっぱい そばセット お食事処かわはら

本連載が始まった4年前に、文化部の服部記者から「小島新田の〈かわはら〉に行って」と言われていた。ただ京急大師線はあまり用事がないので、なかなか行けなかった。しかし偶然港町駅に用事ができたので、足を延ばすことにした。

最初登戸にいたので、JR南武線で川崎に出て京急大師線に乗り換えるというダダシイ「川崎鉄道の旅」を実施。大師線は最初満員だったがいつしか人はいなくなり、終点の小島新田到着時はガラガラ。駅を出ると直球の工業地帯。故郷の四国今治も造船とタオルの工業タウンなので懐かしくてフラフラ歩いていると隣の産業道路駅に着いたよ（笑）。

仕方がないので、交通整理のおじさんに尋ねると別の方向に歩いていたみたいで引き返す。しばらく戻ると目的の「かわはら」があった。店の前のメニューを見る

カリカリの肉がとてもおいしい

と定食をそばセットにできるようだ。よしよしと思い入店。13時半なので店は空いている。

テーブル席に座り、再度メニューを。＋150円でたぬきそば、＋130円でかけそば、＋100円で半そばセット。さらにライスの中・大盛りは670円以上の定食ならサービスと、ともかくいっぱい食べられる店らしい。半そばでいいやと、ショウガ焼き定食750円＋100円で注文。カウンター横からコップを取り机の上のポットから水を汲んで飲みつつしばし待つ。

壁掛けテレビでやっていた井上ひさし追悼番組を見ていると、よいにおいとともに定食登場。メイン、半そば、漬物、冷奴、ご飯と豪華。まずはそばのおつゆ。ほどよい濃さで落ち着くおいしさ。

続けてショウガ焼き。まず肉汁をキャベツに行き渡らせるため肉とキャベツをかき混ぜ、それをご飯に乗っける。うーん予想を大きく超えるおいしさ。カリカリに炒められた肉、やや辛めの味付け、キャベツのサクサクで、白米バクバク食べちゃいますね。伴走するそばももちもちおいしい。

「確かにスゴイよ服部さん」と心の中で呟き、ご飯をもりもり食べたのだった。（2010年9月5日）

＊追記　2012年6月現在、値段の変更はないそうです。ここは距離的にはそんなに遠いわけじゃないけど、すごく旅した気分になります。

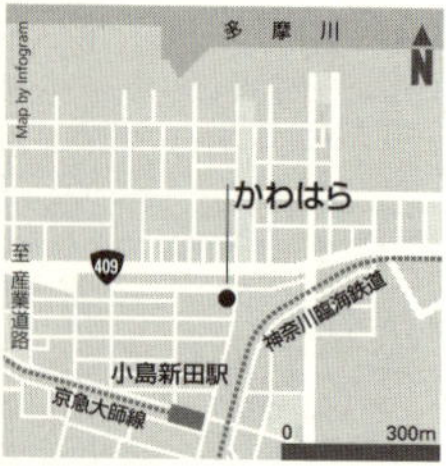

★お食事処かわはら
川崎市川崎区江川２－14－12
☎044(277)4937
日曜・祝日定休。京急大師線小島新田駅から徒歩２分。

112 おかず力爆発 感動の連続

丸亀食堂

京浜急行の南太田駅の駅前に入ってみたい定食屋がある。いつも店の前を通っていてとても気になっていたのだ。ということで、土曜の昼間に訪れる。店名は〈丸亀食堂〉。暖簾が風にはためいていて力がある。これは間違いないと思って入店。細長い店内は、両壁際がカウンター席、中央が大テーブル、店の奥には料理の陳列棚、そしてテレビと、もう限りなくストライクゾーン真ん中に球を投げ込んでくる定食屋。興奮で身震いするなあ。

「この棚にあるものも上に張られたメニューもどうぞ」とお姉さんの笑顔も素晴らしい。双方見ると、力のある料理たちであふれていて、感極まりつつ身もだえしてしまうね（笑）。

たらこ380円、お新香140円にもそそられたが、まずは玉子焼き160円、

煮たサバの身がホロホロとほぐれる

コロッケ160円、そしてサバの煮魚260円を取り、これにライス中＋味噌汁のセット300円を組み合わせる。おお豪華な食事だね。注文してセルフの水を汲んでそれを飲みつつテレビで石塚さんの行く三ノ輪の町探訪を見る。「まいう〜」といつものフレーズが聞こえてきたところで、私の定食登場。おお、こりゃスゲーや！　こっちもすごくうまそうだ。

まずは味噌汁。青菜と豆腐で熱々でしみじみうまい。店の誠実さが伝わるおいしさ。続けてコロッケにソースをかけて齧《かじ》る。カリカリだ。なんと揚げたて！（後で聞くと注文ごとに揚げてくれるそうだ）。感動しつつ玉子焼き。ここはスパニッシュオムレツのようでネギ入り。うん、酒のつまみにもなりそう。

醤油を少しかけるとおかず力爆発。米も当然うまい。続けてサバ。予想通りというか予想以上というか、よく煮えたサバで、サバの身がホロホロとほぐれる。もうご飯を食べる速度がものすごく早くなり、完食。うー。それにしてもこの店、食べたいものがまだまだいっぱいあるよ。

「うちはたらこをあぶるのは得意技です」とお姉さん。くー。また絶対来ますと宣言して店を後にしたのだった。（2010年9月19日）

次ページに続く…。

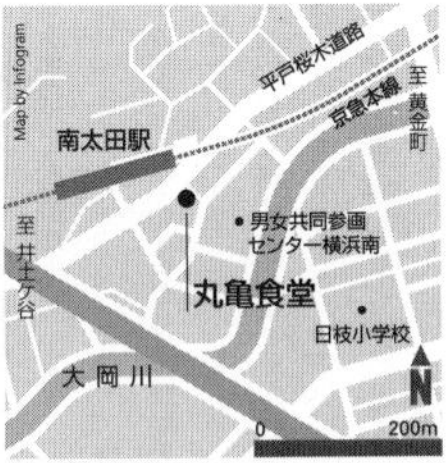

★丸亀食堂
横浜市南区南太田1-8-24
日曜定休、土曜は午後2時まで。京急線南太田駅前すぐ。

＊追記　座談会でもお世話になった『丸亀食堂』。２０１２年６月に電話連絡をかけたところ、「現在使われておりません」と。ガーン。ショックを受けて本書担当のTさんに相談をすると、「私も調べてみますね」と。頼もしいなあTさん。すまない！　かくして、ほどなくTさんより連絡があった。やはりTさんが電話しても「使われておりません」状態だったので、なんと直接店を訪問してくれたのだ！　てっきり表に張り紙でもあるのかと思いきや、ドアが開いていて厨房に人がいた！　その人はなんとご主人のお兄さん。Tさんが伺ったところ、ご主人が３月に急逝されたためにしばらく店を休んでいたそうだ。しかし、兄さんとともに、亡くなったご主人の奥さんやお嬢さんたちの家族経営で再開したとのこと！　さらに、お客さんたちの熱い再開への要望も背中をプッシュしたそうだ。…うーむ。さすがは丸亀食堂。どこまでも定食屋の「王道」ですな。急逝されたご主人はそれはもう本当に残念で仕方がないけれど、残された食堂を団結してなんとか再開しようとするご家族。応援するお客さんたち。まさに「丸亀劇場」だ！　いやあ、この話だけでご飯が三杯食べられそうだ。

　後ればせながら、私も亡くなったご主人の奥さんと少しばかり電話で話をさせていただいた。是非とも近々に伺って、「丸亀劇場　第二幕」に参加したい。…かくして２０１２年６月下旬に再訪。その記録は連載に掲載。つまり、報告は次巻で！

「つづき」も
よろしく!!

転車を停め1989年にできたばかりのベイブリッジと港を間近に見つつ、やはり途中で買った缶コーヒーを飲み肉まんを齧った。特に冬の朝、冷たい風に吹かれつつ食べる肉まんと熱い缶コーヒーは最高のごちそうだった。

帰りは伊勢佐木町で有隣堂本店、当時はヲデオンにあった先生堂古書店、なぎさ書店などを見て、新本・古本を買い込む。場合によっては横浜橋の八舟でうな丼を食べることもあったが、帰路は、前述のごとく黄金町から久保山を登る。変速の優れたトライアスロン自転車が効力を発揮するが、結構上りはつらい。しかし、下りになったとたん、苦しさは開放感となり、幸せが体に満ちていく。そして、下り切ったところにあるのが藤棚商店街。ヨコハマは、鉄道の駅からちょっと遠いところにもステキな商店街があることを知ったのもサイクリングの効能であった。…と、こう記してくると、現在神奈川新聞で連載している「かながわ定食紀行」の膨大なロケハンをやっていたことになる。

いずれにしても街をふらふらすると、様々なことがわかって楽しいことを20代の時に学べたことが、現在の私のものの考え方に大きな影響を与えたと思う。

…ちなみに、この自転車は2011年現在まだ現役で毎日乗っている。現在住む町田を走りつつ、またあのヨコハマコースを走りたいと、時々思っている次第だ。

『有隣』第513号　2011年３月10日付に掲載

column 1　横浜バイクキッズ ～20世紀末の横浜と私～

1988年の大学3年のとき、トライアスロン用の自転車を買った。この自転車はアルミフレームだったのでものすごく軽く、走っているとまるで滑空しているようだった。おかげで行動半径が圧倒的に広がった。当時は横浜の相模鉄道の天王町駅近くに住んでいたが、1990年前後によく行ったサイクリングのコースは以下の通りだ。洪福寺から浜松町経由で国道1号線を戸部方面に走り、高島町から現在のMM（みなとみらい）地区に抜けて、関内に出て中華街を通過し、さらに新山下まで達する。帰りは伊勢佐木長者町方面から黄金町に出て久保山を登って藤棚商店街を通過して帰るコースだ。このコースを通ると、MMのように変わるヨコハマ、中華街のように観光地のヨコハマ、新山下のように産業都市のヨコハマ、そして藤棚のように知らないヨコハマと、多面的なヨコハマを知り得ることができたのだ。

いずれにしても、このサイクリングは楽しかった。あまりに楽しすぎて通っていた横浜国大の5年生をやることになってしまったが。

ちなみに1990年前後は、まだMM地区もほぼ造成中で、のっぺりとした海に向かった広大な土地が広がっていて自転車で走る爽快さは格別だった。ここに街ができるのだと思うとワクワクした。また、四国から上京して数年経ってようやく様子がわかってきた中華街では中国文物館という店で当時最も安かった150円の肉まんを買い（残念ながら今は売っていない）、それをリュックに入れて、新山下まで走る。そして適当な埠頭で自

113

伊勢佐木町の老舗で味わう 合体ランチ

玉泉亭

伊勢佐木町で本紙の方々と食事をしようということになって、どこに行きますかと問われた。行きたいところはいろいろあるけれど、やはりここは伝統ある〈玉泉《ぎょくせん》亭《てい》〉に行こう。何しろここは1918（大正7）年創業という伊勢佐木のなかでも老舗で、直球のラーメンを食べられる店なのだった（サンマーメンも有名）。横浜駅の西口と東口の地下街にも店があるが、この伊勢佐木のお店は落ち着いていて、とてもいい。

さて、平日の夕方、わいわいと店に入り、何にしようかと思ってメニューを見ると、とてもステキな中華ランチがある。ランチだけれど、夜も食べることができて、なんだかとてもそそられたのでこれを注文しよう。820円。かくして皆さんとビールを飲んで歓談していると、中華ランチが登場。

見事な中華ワンプレートランチ

とりあえず、一人黙々とこれをいただくことにする。おお、なんともカッコいいランチだな。横長の平皿の右にはポーションされたライス、そして色鮮やかな黄色い沢《たく》庵《あん》、カニ玉、うま煮、焼き豚が並ぶ。そして別にスープも付いている。

まずはスープを。これはオーソドックスな中華スープ。続けて、うま煮を食べる。白菜、キクラゲ、ニンジン、ネギ、豚肉などが入り、ご飯と一緒に食べると中華丼のようにおいしい。塩加減、火加減ともに素晴らしいと思って、バクバク食べる。

続けてカニ玉を。こちらは甘酢あんとしっかりと火の通った玉子焼きのハーモニーで、こちらもご飯とともに食べると天

津丼という感じでおいしい。そしてその間に焼き豚がいるので、焼き豚をおかずにもご飯を食べられる。もちろん、各おかずたちをビールのおつまみとして稼働させてもよいわけだ。特に焼き豚はその役割を期待されている気がする。つまり、この中華ランチは、「中華丼＋天津丼＋おつまみ焼き豚」という合体定食でもあるわけだなと感心しつつ、沢庵をぼりぼり齧ったのであった。（2010年10月3日）

＊追記　2012年6月現在、値段の変更はないそうです。ラーメンおいしいよ。

★玉泉亭（ぎょくせんてい）
横浜市中区伊勢佐木町5－127
☎045（251）5630
火曜定休。京急線黄金町駅または日ノ出町駅から徒歩約8分。

114 海鮮系でさっぱりと まぐろ三昧 花鳥風月

藤沢にやってきた。今日はさっぱりとしたものが食べたいなあ。ゆっくりもしたかったので、デパートの食堂で食べようと思って、さいか屋に入る。ここの8階にはデパート食堂はないけれど、さまざまな飲食店がある。

このパターンが最近のデパートの主流ですね。今日はよく見かけるチェーン系ではないほうがなるべくいいなと思っていると、〈花鳥風月〉という店がある。表のメニューには海鮮系の定食がいろいろあって、しらす丼もある。ここは一つしらす丼に挑戦しようと思って、入店。

さすがに土曜の昼間なので店内は込んでいるが、幸いテーブル席が空いたので座り、注文すると残念ながらしらす丼は売り切れ。どうしようかと思っていると、まぐろ三昧《ざんまい》という丼がおいしそうだったので、これにしよう。

とても贅沢なまぐろ丼！

1480円→999円とサービスされている。それでも私的にはごちそう価格だが、まあいいや。土曜のせいか、家族連れや、ビールを飲む熟年夫婦など客層も広くていいね。テレビでやっていた大河ドラマを見ていると、丼登場。おお、味噌汁、お新香（たくあん）、杏仁豆腐のデザートも付いている。

まずは味噌汁。ネギと岩のりが入っていて、岩のりの磯の香りが芳しい。私、岩のりの味噌汁、大好きなんだよねと思いつつ、小皿に醤油を入れて、ワサビを溶いて丼を食べる準備をする。丼の上には、マグロの切り落とし、ネギトロ、トロの炙《あぶ》り、そして玉子も載っている。

まずは炙りから。おお、炙ったことで肉としてのうまさが強く出ていておいしいね。焼き魚と刺し身のいいとこ取りの食べ方ですね、炙りは。続けて切り落とし。赤身でサクサク食べられる。ご飯は白飯で、酢飯でないが、これはこれでおいしい。そしてネギトロ。こちらはワサビ醤油を上からタラリとたらしてガガとかきこむ。うまい。幸せのあまり、マグロさん、ありがとうという気持ちになった土曜の昼下がりであった。（２０１０年10月17日）

＊追記　２０１２年６月現在、値段の変更はないそうです。先日、念願のしらす丼を食べた。釜揚げと生の両方が入っていて、これは確かにものすごいうまさ。９４０円。

★花鳥風月
藤沢市藤沢５５５
さいか屋藤沢店８階
☎0466(27)4915
無休。ＪＲ・小田急線など藤沢駅から徒歩１分。

115 JICA横浜 ポートテラスカフェ

APEC開催記念の加盟国料理

みなとみらい地区のワールドポーターズを超えたあたりにJICA横浜による海外移住資料館がある。最近、「定食と文学」という本を書いていてブラジル移民のことを調べていたので、何回かここも訪れている。実はこの建物の3階にある食堂が実にいいのだ。

学食のようにセルフ式だが、何しろ眺めがよい。海はもちろん、関内方面も見渡せて気持ちよくご飯を食べられる。さて、今回も平日の13時過ぎに訪れると、適度に空いている。アラカルトでも食べられるが、ちょうどAPEC横浜開催を記念して、加盟国の料理がDランチとして食べられる。

今日はマレーシア料理ということで、ビーフカレーだ。これにしよう。650円。ここのシステムは面白くて、料理見本の前にプラスチックの札が置かれていて、そ

この店、海外の大学の学食に来たような気持ちにもなる

れを持って行ってレジで精算する。その後にお盆を持ってカウンターに並ぶと、料理が出てくるのだ。

調味料コーナーでサラダにドレッシングをかけたり、スプーンをもらったりするのも学食と一緒ですね。さらに平日なのでドリンクサービスとしてコーヒー、紅茶が飲み放題なのだった。さて、見晴らしのよい席に座って早速食べる。

まずはスープ。青菜のスープということだが、ダシが強く、確かに東南アジアのおつゆの味だ。続けてカレーライス（ビーフレンダン）を。牛肉とともに、立方体の厚揚げのようなものが入っていて、これがうまい。味わいも深く、おいしいカレー独特

の食べた後の余韻がある。さらに福神漬けも自由にいただくことができたので日本人にはうれしいね。
　続けてトードマンプラーサラダを。トードマンプラーというのはさつま揚げのような魚の練り物で、これまた好きな味。かくして満足して食べ終える。食後のコーヒーをいただきつつ、ぼんやりと風景などを眺めていると、隣の席のグループの人々が、盛んに英語で自分の国自慢をしている。なんともＪＩＣＡの建物らしいなと思った次第だった。（２０１０年10月31日）

＊追記　このメニューは本文にある通り、限定メニューだが、２０１２年６月時点でもだいたいこのくらいの値段でランチは食べられる。平日のドリンクサービスはなかなかよいですよ。

★ＪＩＣＡ横浜　ポートテラスカフェ
横浜市中区新港２－３－１
☎045(663)3251
不定休（ただし今年１１月12日午後２時～11月14日は休み）。みなとみらい線馬車道駅から徒歩10分。

116 愛媛名物 鯛めしを関東風に

彩食亭 やまだ

日吉に住む知り合いから高田に鯛めしの店があるよと教わった。鯛めしと言えば、我が故郷、愛媛の誇る郷土料理。実は鯛めしには2通りあって、私の実家のある今治では鯛を炊き込んだもの。それに対し宇和島では鯛の刺し身をご飯に乗っけたものだ。まあ、どちらもおいしいので、ワクワクしつつ横浜市営地下鉄グリーンラインに乗って高田駅で降りる。

地上に出るとすぐ見えてくるのが〈やまだ〉。店の外の表示を見ると、鯛めしとあり、刺し身系の宇和島方式。とりあえず入る。13時過ぎとやや昼時を過ぎているので店内はわりと空いている。何を食べようかと思ったがここはやはり鯛めし680円か、上鯛めし850円だな。上だと刺し身も多いし、サラダ付きなのでやはり上にしよう。

独自に工夫された鯛めし

温かいお茶を飲みつつしばし待つ。ちなみに、鯛のあらと大根を煮込んだあら煮ご飯850円も気になるなと思っていたら、上鯛めし登場。こりゃカッコいい丼。ご飯の上に鯛の刺し身、半熟玉子、ネギ、ゴマなどが載る。店の方の説明によると、添えられたタレをご飯にかけてまぶして食べるとのこと。郷土料理の鯛めしだが、この店独自の工夫が見られますね。

では最初に味噌汁を。小さいアサリ入りで磯の香りがとてもいい。エンジンがかかってきたところで、タレをご飯にかけてぐるぐるかき混ぜて準備ＯＫ。添えられたスプーンですくって食べよう。おお、淡泊な鯛の刺し身とご飯をタレが締めて、半熟

玉子がまろやかにしている。こりゃおいしい。

それにしても愛媛にいるときは鯛や白身の刺し身をよく食べたが、上京すると、刺し身と言えばマグロになったな。マグロ主体の関東にあって、この店は貴重だと思いつつ、完食。

ご主人に伺うと、この店は5年目。ご主人が愛媛出身というわけではなく、かつて四国で知り得た鯛めしを、関東の人に合うようにアレンジして作ったそうだ。なるほど。ちなみに、前述した鯛のあら煮も後でいただきましたが、とてもおいしかったです。

（2010年11月14日）

＊追記　2012年6月現在、近々メニュー替えするけど鯛めしの値段は変えないそうです。

★彩食亭　やまだ
横浜市港北区高田東3－2－3　綱島ダイヤモンドパレス1階
☎045(542)4666
水曜定休。市営地下鉄グリーンライン高田駅の隣。

117

濃厚な味の揚げたて かつ丼

野毛 かつ半

さわやかに晴れた晩秋の土曜日の昼過ぎ、JRを桜木町駅で降りる。平戸桜木道路を通って日ノ出町方面へと歩いて行くのがとても好きだ。とりあえずお昼ご飯を食べていこう。

道の途中には、おいしい店がいくつもあってどこに入ろうか迷ってしまう。今回は〈かつ半〉に入ることとしよう。平日ならステキなランチがあるが土曜なのでない。こういうときはかつ丼を食べるのだ。

入店すると結構込んでいるな。手前のテーブルに座ると、店の人が温かいお茶とおしぼりを持ってきてくれたのでも早速かつ丼を注文する。750円。いい値段だね。店内は細長く、小あがりとテーブル席、そして奥にはカウンターもある。カウンターでは人生の先輩方が数人しゃべりつつ馬の研究をなさっている。そうか、今

写真では隠れているけれど、グレープフルーツもデザートとして付いています

日は馬が競う日なのだった。

そんな様子を眺めていると、かつ丼登場。おお、カッコいい！　グリーンピースがとてもかわいい。まずは味噌汁を。しじみ汁で、内臓になんだか効きそうだ。続けてかつ丼に着手する。店の外から差し込む太陽光線のなか、ほかほかと湯気が出ているのがわかる。

食べるとおお、カツは揚げたてだ！　それをやや濃い目のタレで玉ねぎを入れて玉子でとじている。こりゃなんともおいしいよ。ややつゆだくなので、全般的に濃厚系の味となっているが、これはひょっとするとビールを飲みながら食べるとスゴイ効果があるのではなかろうかと空想しつつ食べる。もちろん、ビールなしでもおいしいんだけどね。

　かくして満足のうちに食べ終える。なんだかエネルギーが出てきたな。最後に、添えられたグレープフルーツをデザートとして食べる。丁寧に包丁で切れ目が入っていてこの店の誠実さがよくわかるね。早速いただくと、柑橘系の爽やかさが、かつ丼の濃厚さをさっぱりと洗い落としていく。「うーん、これは素晴らしい食事になったな」となったのであった。（２０１０年11月28日）

＊追記　２０１２年６月現在、値段の変更はないそうです。

★野毛　かつ半
横浜市中区野毛町２－83
☎045(231)3739
水曜定休。ＪＲ桜木町駅から徒歩約５分。

118 サクサク感 エビフライ VS 貝柱 で決勝
綱島 乃んき食堂

寒い雨の日、温かい定食が食べたいと思って綱島駅で降りた。確か駅前にステキな定食屋があったと思って西口を歩くとありました、〈乃んき食堂〉。ナイスな名前ですね。傘をしまって店内に入る。店内はご近所らしきおじさん率がとても高い。ということはかなりおいしいのだろうと推測すると、メニューもいい感じ。肉豆腐刺身定食などといろいろ組み合わせ系が多いが、盛り合わせフライ定食にひらめいたのでこれにしよう。７８０円。カキフライの札が裏返っていたので今はないのだろう。

カウンターに座っておかみさんの出してくれた温かいお茶を飲みつつしばし待つ。店内には和田アキ子のラジオがかかっていて、おじさんたちは黙々と定食を食べている。それにしても隣のおじさんの食べている肉豆腐がものすごくおいしそう

貝柱のフライも、ものすごく好きなんだよね

に見えるなと思っていたら、定食登場。

おお、味噌汁、白菜等の漬物、メインのお皿にはキャベツ、タルタルとフライが5個も付いているよ！　こりゃ豪華だ。期待に胸を躍らせつつまずは味噌汁。油揚げと大根の千切りでこれはしみる。細切り大根が透明になって汁と一体化しつつシャキシャキしている最高の状態。これだけでシアワセ度数が著しく上がった。

続けてフライにソース（二つあったのでウスターのほう）をかけてまず左端から。おお、これはコロッケ。サクサク揚がっていてウマイ。続けて隣はイカ。歯応えプリプリ。これはタルタルで食べよう。隣は魚。新鮮でこれもサクサク感。そして隣は見る

からに海老。これはクライマックスステージにして、さらに隣の丸いクリームコロッケのようなフライにいってみよう。
あ、これは貝柱。ウマイ！　…おっと、ちょっと食べるのやめておこう。こちらが優勝なので先に海老を齧る。…うーむ、この海老もスゴイ新鮮さ。なんという実力のある店だ！
恐るべし乃んき食堂。かくして、優勝戦はエビフライVS貝柱となり、結局、二つを交互に食べたのでした（引き分け）。（２０１0年12月12日）

★綱島　乃んき食堂
横浜市港北区綱島西１－１－11
☎045(543)2888
日曜・祝日休み。東急東横線綱島駅から徒歩１分。

＊追記　２０１２年６月現在、値段の変更はないそうです。

119 ふわふわと柔らかい卵 オムライス レストラン 白馬

以前紹介した日吉のオムライスで有名な白鳥のご兄弟がやってらっしゃる店があると聞いた。場所はやはり日吉で、こちらは白馬。ぜひ行ってみようと思って、日吉駅を慶應義塾大側へ降りて、なだらかな坂道を渋谷方面に向かってしばらく歩き、右折する。しばらく歩くと慶應の馬術部がある。へえ、ここにあるのかと感心しつつちょっと行って右折すると〈白馬〉がある。

なんとも馬づいているなと思って入店。昼時を外れた13時30分だったので店内は空いている。コロッケ定食580円など定食ものも充実しているが、ここはオムライスを食べたい。600円のオムライスもいいが、おまけ付きにしたいなと思っていたら、ありましたよ、オムライスコロッケ付、チキンカツ付などいろいろ。元気をつけたいので肉系のチキンカツ付にしよう。760円。

独特のオムライスの玉子部分。私はとても好きだった

店内のテレビを見つつ、しばし待っていると調理のおいしそうな音が聞こえてくる。その音がやんで料理が出来上がったようだ。おかみさんが味噌汁とともに運んでくる。こりゃ美しいオムライス！

まず味噌汁から。ワカメたっぷりのネギ入りで熱々でとてもおいしい。これは期待できるぞとフォークでオムライスをいただく。玉子がまるでお菓子のスポンジのようにふわっとしている。独特だなあと感心。オムライスの中身は鳥肉と玉ねぎ入りのチキンライスだ。うーん、ものすごくレベルが高いな。

続けてチキンカツにいこう。これまたカリカリ熱々のカツ！　ものすごく丁寧なつ

レストラン
白馬

くりで、これはたまらないとあっという間に完食。ああ、おいしかった。会計時におかみさんにあいさつして、カウンター上のメニューを見るとこれまた食べたいメニューがズラリ！

なかでもジャンボオムライス８００円、白馬定食（エビフライ、チキンカツ、コロッケ）７８０円がとても気になったので今度また来ようと思って店を後にしたのだった。（２０１１年1月10日）

今日はオムライス!!
という日が男にはある。

★レストラン　白馬　横浜市港北区日吉

＊追記　２０１１年８月に残念ながら閉店。「記事の反響はありましたよ」とおかみさん。ありがとうございました。

120

具だくさん北海道風海鮮丼

えぞ料理 ユック 横浜西口店

札幌に行くと、大体の場合は新千歳空港で土産物の買い物大会となり、その後は出発までラウンジで原稿を書くことが多い。さらにおなかがすいた時は、この空港はさまざまな選択肢があるけれど、定食的なセットが豊富に用意されているのはユック。大体1000円前後で定食的なものが食べられる。

先日札幌に行った時は忙しくてユックで食べられなかったので、思いを果たそうと思って、横浜駅西口にやってきた。実はここにもユックがあるのですね。さて、髙島屋を越えてビルの地下に降りると西口店がある。ちょうど昼過ぎだったのでいろいろなランチメニューがあるけれど、なかでも「海鮮丼」がとても気になる。

値段は安くなったらしく、860円だ。さらにメニューの表示によるとウニも少しサービスしてくれるそうなのでこれにしよう。ちょうど昼のピークは超えたタイ

コーンなどが入ったサラダもよかった

ミングだったようで、席は余裕があったので、テーブル席に座らせてもらう（大荷物だったからね）。

注文してお茶を飲みつつしばし待つと海鮮丼登場。おお、こりゃおまけがいっぱいだ。かき揚げ、サラダ、キャベツの漬物（北海道ではよく食べる）、そして味噌汁だ。ではまず味噌汁から。サケ、大根、ニンジンなどが入っている。こりゃ石狩汁だ！

さすがはユックと感心して、小皿に醤油を入れてワサビを溶いて、海鮮丼に着手。素晴らしい具の充実。ウニもうれしいけれど、サケの刺し身と焼きサケが両方入っていたり、イカなどがとてもうれしい。

北海道のイカは透明でコリコリしていて

おいしいんだよねと思いつつ、丼からイカをすくい上げて醤油につけて食べるとまさに北海道的なステキなイカ。酢飯ではなくて白飯なので、イカ刺し身ご飯としてもうまくて、どんどん食べ進んでいく。さらに、玉子、ポテト、コーンなどがたっぷり入ったサラダ、野菜のかき揚げなど、栄養的にもバッチリ。当然全体のボリュームも大満足なのであった。（２０１１年１月23日）

＊追記　２０１２年６月現在、値段の変更はないそうです。かなり気楽に海鮮丼が食べられてここはなかなかいいですよ。

★えぞ料理　ユック　横浜西口店
横浜市西区北幸１－５－10 東京建物横浜ビル地下１階
☎045(314)7895
日曜定休。横浜駅から徒歩３分。

121 鶏、豚、牛 全部入りの最強ライス

めしやdining 遊庵

ウェブを見ていたら、辻堂にトルコライスがあることがわかった。行かねばと思い、JR東海道線に乗り辻堂駅に降り立つ。湘南C－X（シークロス）の建設が進んでいるな。ただ今回はC－X側ではなくて海側に下りてぽくぽく歩く。

通りに面した店が、歩く人の目線になっていてなかなか楽しい。ふらりと立ち寄りやすい店ばかりだ。昔の街道の雰囲気だなと思って歩くこと15分。湘南工科大にたどり着く。その前にある〈遊庵《ゆうあん》〉が目的の店だ。

メニューを見ると確かにトルコライス980円が。店内に入り注文。「ご飯の量どうしますか」と聞かれたのでとりあえず普通にしてもらう。おかみさんにお聞きすると、この店は2年前ほどからで、メニューを研究した結果トルコライスを出すようになったとのこと。

ものすごいボリューム！

他のメニューもメンチカツ&唐揚定食780円などおいしそうだ。できるのを待っていると店の前を江ノ電バスが走っていく。なんだか旅情があるな。海の匂いもするし。かくしてトルコライス登場。こりゃスゲーや。なんという巨大さ。

食べられるか心配になるが、激しくうまそうなので、とりあえずワカメと豆腐の味噌汁を飲み気持ちを落ち着けてスタート。スプーンを入れると、トロトロの玉子の下にはケチャップライス…と思ったら、しっかり鶏肉と玉ねぎの入ったチキンライス。むむむ。

そして玉子の上にはトンカツ。これが巨大で十分トンカツ定食の主役になれるよ。

さらに上にかかったデミグラスソースには牛肉がゴロリ。つまり、鶏、豚、牛すべてが入ったトルコライス。間違いなく、これまでに出会ったトルコライスのなかで最強に属するタイプだ。おいしいし！　…それにしてもスゴイ量でとても苦しい。

しかしトルコライス研究家の沽券《こけん》にかかわるので頑張って完食。食後に付け合わせのレンコンのきんぴらを食べる（うまい）。最後におかみさんに名前を名乗ると。「今柊二さん！　本を読んでますよ！」とのこと。なんとそういう時代になったかと、感慨深い辻堂の昼下がりであった。（2011年2月6日）

＊追記　2012年6月現在、値段の変更はないそうです。反響があったそうです。それにしても、よもや自分がトルコライスの伝道者になるとは思わなかったよ。

★めしやdining　遊庵（ゆうあん）
藤沢市辻堂東海岸1－9－1
☎0466(35)7215
水曜定休。ＪＲ辻堂駅から徒歩15分。

122

昔の味わい 肉もタレも懐かしい

焼肉八起

土曜の昼に相模大野で用事を終えたので以前から懸案の店、〈焼肉八起《やおき》〉に向かう。以前本紙の定食座談会で唐沢俊一氏の行きつけの店として名前が出ていたし（「かながわ定食紀行」収録）、寄席をやる異色の焼き肉店としても有名だからだ。相模大野の駅前は現在再開発中なので、道をくねくね曲がってたどり着く。派手な看板が出ていてパワーを感じる店だ。

入店すると店内の装飾も激しくてなかなか楽しい。おかみさんに座敷に案内される。掘りごたつで、無煙ロースターではなくコンロでジュージュー焼くシステム。牛ハラミ定食９４５円を注文し、「温かいお茶、水どちら?」と問われたので水をもらう。

焼き肉は水が冷却装置として必要だからね。すぐに大きなコップの水が出てきた

昼間から焼肉大会！

ので、飲みつつしばし待つ。それにしても店内の装飾がいい。まずドラマ「味いちもんめ」に関する掲示が目立つ。以前漫画の中に登場したそうだ。それ以外にもサッカー、落語、子どもの描いた絵が壁にいっぱい張られている。

そんな展示を眺めていると、タレ、辛ミソ、もやしナムル、肉、ご飯、スープ、サラダ（ランチ時のみ）が出てくる。コンロは「焼いて！」と炎が燃えている！　さあ焼くぞ！

「焼きすぎないように」とのおかみさんのアドバイスもあったので、２枚ずつ焼く運営システムに。コンロにのっけるとたちまち漂う肉の焼ける香ばしい匂い。…よし焼

けた！　とタレにつけご飯と食べる。おお、このさっぱりとした味わい、子どものころ故郷の四国で食べていた「昔の焼き肉」の味だ！

うまいうまいともりもり食べる。時々興奮を冷ますためナムルやサラダ食べたり、スープを飲んだり、水を飲んだりしつつあっという間に完食。ああ満足。おかみさんに聞くと、この店は35年の歴史があり、タレの作り方も変えていないそうだ。そうか、いずれにしても肉もタレも懐かしくうまい。また食べたくなるのは必至なので、「また来ます！」とおかみさんに告げ店を後にした。

（２０１１年２月20日）

＊追記　２０１２年６月現在、値段の変更はないそうです。おかみさんはとても楽しい人です。

★焼肉八起
相模原市相模大野６－19－25
☎042（748）2611
定休月曜・火曜。小田急線相模大野駅から徒歩３分。

123 カサ・デ・フジモリ 目黒店（番外・東京編）

中身熱々 衣カリカリ カニクリーム

目黒にやってきた。実は横浜から東急線を使うとものすごく早く到着できる。だいたい武蔵小杉か日吉で東横線から目黒線に乗り換えると早いと26分ほどで着くのだ。２６０円だしね。

また、東横線経由ということもあってか、横浜的な店もある。以前紹介した横浜のスペイン料理の名店のカサ・デ・フジモリの目黒店もあるのだった。訪れたのは平日の13時。ランチをやっていたので食べていこう。８４０円のランチプレートは売り切れていたので、どれにしようかと思ったが、カジキマグロのカニクリーム詰パン粉焼９４０円がおいしそうだったのでこれにしよう。

入店するとステキなヒゲの店長さんに案内され、テーブル席に着席し注文。やはり関内店同様、13時過ぎだったのでコーヒーかシャーベットをサービスしてくれる

実はものすごいボリューム。シャーベットもおいしかった

のでシャーベットをもらう。水を飲みつつしばし待つと、最初にカップスープ、サラダ、そしてドーンとメインが出てくる。再びヒゲの店長さんがやってきて、「どんどん食べてくださいね、ライスお代わりできますから」と笑顔。うーん、いい店だ。

さてまずはスープ。玉ねぎやいろいろ具が入っていて栄養たっぷり。続けてメイン。長いカツのよう。それにしてもデカイな。タルタルソースを塗って、ナイフで切るとカニクリームがとろりと出てくる。食べると中身熱々、衣カリカリで激しくおいしい。

おかず力も十分にあり、ごはんも進むな。あっ、レモンを搾るのを忘れていた。途中でサラダを食べる。これもボリュームたっぷりのスパサラダで、ご飯のお代わり行為を強力に阻止される。メインもやはりすごいボリュームでなんとか食べ終える。ああうまかった。

かくして皿が下げられてデザートとしてシャーベット登場。このシャーベットがおまけのレベルを超えた素晴らしい逸品。ちゃんと生クリームを敷いた上にシャーベットが乗っかったもので、ステキなランチをナイスに締めくくってくれるのであった。ああシアワセ。（2011年3月6日）

＊追記　2012年6月現在、このメニューは残念ながらないそうです。でも「いつかやるかもしれません」と店長さんのコメントでした。

★カサ・デ・フジモリ　目黒店
東京都品川区上大崎2－16－3
☎03(5420)5328
日曜定休（ただし、月曜祝日の場合は、日曜営業、月曜休み）。目黒駅から徒歩2分。

124 横浜エクセルホテル東急「アールイー」

閉店残念 おいしかった豪華カレー

横浜駅西口の横浜エクセルホテル東急が3月31日に閉店してしまった。このホテルのレストランはナカナカ思い出深いので、もう一度食べておこうと思って訪れた記録をここに記す。すでに2010年8月末に営業を終了している「孔雀庁」という中華レストランや〈アールイー〉では時折食事をしたものだ。

横浜駅界隈できちんとした食事というと、ここだったな（昔は横浜東急ホテルという名前だった）。大学のときはめったに来なかったが、社会人になってからは、会合も含めて食事をしたものだった。さて、今回はアールイーでランチを食べようと、平日の14時に訪れた。入り口でメニューを見る。

おっ、カレーがありますね。2000円と豪華な値段だが、たまにはいいだろうと入店。店内は遅めのランチを食べる人たちで賑わっている。カレーはビーフとシー

幻のゴージャスカレーコースとなってしまった

フードの2種類あるが、シーフードを注文。水を飲みつつ待つとまずはミネストローネスープ。ジャガイモ、キャベツ、ソーセージ、豆など具だくさんでほかほかと温まる。

うまいなあとしみじみ飲み終わると、絶妙のタイミングで薬味とともにカレー登場。こりゃやはり豪華。ルーの中に有頭エビが2つとカボチャ、ジャガイモ、そしてニンジンなど野菜がたっぷり突き刺さっている！　カレーって普段の食べ物だけど、ホテルで食べるとおいしさが格段に違うものだ。早速ルーをご飯にかけて食べる。

う、うまい。カレースパイスの背後にいる「洋食」の香り。おいしさが多層的に攻めてくるよ。丁寧に下ごしらえされた野菜

もうまい。食べ進んで、ようやく、エビとルーの中にいたホタテをゆっくりと食べる。口の中に満ちていく豊かな海の味。

ああ。そして食べ終わると、バニラとパイナップルのアイスのデザート。ワッフル付きでステキな味。最後はコーヒーで食事を締めくくる。いやあ、これだけの満足で2000円とは高くはないなと感動したのであった。

（2011年4月3日）

★横浜エクセルホテル東急　アールイー　横浜市西区南幸

＊追記　大震災があって、掲載が延びました。

125 昭和28年創業 ヨコハマに老舗の味 大沢屋

いつものようにイセザキで古書店めぐりをしているとおなかがすいてきた。昼食をとっていない土曜の16時。どこに行くべきか。この街は選択肢が多いなと思って、メインから横の通りに入ると、目に入ったのが〈中華そば　大沢屋〉の看板。うむ、「中華そば」とある白い暖簾も清潔で間違いなくおいしい店だろう。

吸い寄せられるように近づくと、店の前に簡単なメニューがあった。ラーメン420円、半チャンラーメン580円、半チャンサンマーメン680円とステキなセットメニューもある。

よし、ここだ！　と心の中で叫びながら入店。カウンターだけの細長い店内。美しく掃除が行き届いている。カウンターの中からトントントンと、おかみさんが野菜を切る音が聞こえてくる。間違いない！　と思い手前に座り、半チャンサンマー

シンプルな具のチャーハンもおいしい

麺を注文。出てきた水を飲みつつしばし待つと、後ろからおじさんたちが入ってきて、ワンタンメンなどを注文。

それもよかったなと思っていると、カウンターの中から景気のよい音が聞こえてきて、やがてサンマー麺と半チャーハンが登場。おお、横浜名物サンマー麺（もやしそば）はとろりとした「あん」仕立ての野菜の具。まずはスープを。直球の醤油スープ。普通の普通の味。だからおいしい。こういうの食べたかったんだとうれしくなる。

あんにくるまれたもやし、キャベツ、ニンジンなどがシャキシャキでうまい。豚肉もたっぷりだ。具の下のそばも細めで絶妙のゆで加減でずるずる食べる。おっと、半

チャーハンも食べよう。これは特徴のある醤油味チャーハン。ややしっとりしつつも炒めたご飯が香ばしくて素晴らしい。玉子とチャーシューのシンプルな具だが、サンマー麺の受けとしても単品としてもうまい。

いやあ、おいしいものを二つ食べられて実にシアワセだと感動しつつ、完食。会計時に伺うとなんと昭和28年創業の老舗。ガーン！　こんなによい店を今まで知らなかったとは…と不覚を思い知ったヨコハマの夕方であった。（2011年4月17日）

＊追記　2012年6月現在、値段の変更はないそうです。記事を店内に張っていただいているらしいです。

★大沢屋
横浜市中区若葉町３－57
☎045(251)4257
定休金曜。京急線黄金町駅から徒歩５分。

126 巨大イカ天
蕎麦と一緒 満腹
味奈登庵 武蔵小杉店

大きく変化した武蔵小杉。新しくできたＪＲ横須賀線の武蔵小杉駅から南武線までは、連絡通路をものすごく歩くことになるので結構つらいねえ。やはり東急東横線と南武線の乗り換えくらいの距離のほうが平和でいいね。さて、ちょうどこの武蔵小杉で乗り換えるのでついでにご飯を食べていくこととしよう。

今日は暖かいので冷たい蕎麦などの付いたご飯がいいなと思って歩いていると〈味奈登庵〉があった。こりゃいいや、ここにしよう。入店すると13時を過ぎているのにとても混雑している。人気が高いのだな。何にしようかと思ったが、ここはイカ天丼４５０円ともりそば３００円にしよう。

注文して番号札をもらって、テーブル席に座ってしばし待つ。店内はおじさんたちだけではなく、ご婦人や若い女子も少なくないのが特徴だ。やはり座って食べら

そばはもちろん、イカ天も素晴らしい

れる店だからだろう。
冷たいお茶を飲みつつ、天井からつり下がった液晶TVを見ていると、「9番の方」と呼ばれたので取りに行く。
おお、こりゃなんとも量が多いな。ちなみにこの味奈登庵はいくつか店舗があって富士山盛りで有名だけど、普通のもスゴイね。席に戻ってまず蕎麦からいってみよう。おつゆにネギと卓上にあったワサビを溶いて、いざ、蕎麦をツルツル。うーん、細めの麺とさっぱりしたおつゆでうまいね。暖かいときの冷たい蕎麦はうまいなあ。
続けてイカ天丼を。これまた巨大なイカの天ぷらが二本載っていて、タレもたっぷりとかかっている。食べるととても柔らか

く、上質のイカ天だね。淡泊なタレも実にうまい。付け合わせのゴボウの漬物も口直しとしてよい仕事をしている。

かくして天丼を途中まで食べて、再び蕎麦に戻る。ツルツル。そしてまた天丼に。…と、交代に食べていくと、なかなか飽きない。これもまたセットものの良さだなと思いつつ、イカ天を齧ったのであった（それにしても満腹となったよ）。（2011年5月1日）

＊追記　2012年6月現在、値段の変更はないそうです。これはもうおなかいっぱいになります。

★味奈登庵　武蔵小杉店
川崎市中原区小杉町3－269 ケイアイビル1階
☎044(733)7960
年中無休。ＪＲ南武線・東急東横線武蔵小杉駅から徒歩5分。

127 ユック 千歳空港ターミナルビル店(番外・北海道編)

春ニシン ホロホロの身でご飯バクバク

17時に千歳空港に到着した。ちょっと早いが、夕食を空港で食べていくこととしよう。ここには以前紹介した横浜駅西口にあるユックの仲間の店があるので、訪れてみよう。やはり北海道料理が充実しているが、同時にものすごくいろいろな定食セットもあるのでとてもステキなのだ。

店の表に商品見本があるので、ある程度方向性を決めた上で店内に入る。日曜の夕方だったが、店内はさほど込んでいないが、一人客用のカウンターに座る。そしてメニューを再度検討した上で、直球で焼き魚定食を食べることとする。それもニシン焼き定食にしよう。890円。値段もいいね。

注文してお茶を飲みつつしばし待つ。店内では海鮮系の丼を食べている客も多くて、ちょっとうらやましいなあと思っていると、定食登場。うわあ、こりゃデカイわ。

空港で定食を食べるのもなかなかいいものです

スゴイ迫力のニシンだ。かつて、ニシンの塩焼きは定食屋の定番だったらしいが、今はむしろ珍しいメニューとなっている。

さてまずは味噌汁から。おお、なんとカニ汁。とてもおいしい。続けて、ニシンにレモンを搾り、たっぷりと添えられた大根おろしに醤油をかける。続けて箸をブスリとニシンに刺して身をほぐす。

ああ、身がホロホロと取れていき、とても柔らかい。大根おろしとともに口に入れる。軽やかな魚の肉が口のなかでさらにほどけて、ほどよくのった脂分もじわりと広がっていく。むむむ、なんといううまさだ！

もう我慢できなくなってご飯をバクバクと食べてしまう。白菜とさくら大根の漬物

もうまい。
夢中で食べ続けているとあっという間にご飯がなくなった。お代わりがほしいと思ったが、まだまだ莫大な量のニシンがある。ご飯を追加すると運営計画上、魚を食べられなくなるなと思い、ひたすらニシンを食べてなんとか完食。ああ、満足。会計時に副店長さんに「おいしかったです」というと「春ニシンはおいしいですからね」とほほ笑んだのであった（訪問は3月下旬でした）。
（2011年5月15日）

＊追記　2012年6月現在、値段の変更はないそうです。新千歳空港は最近また新しくなって、通過するだけで土産を次々と買ってしまう、日本有数のオソロシイ空港となりました。

★ユック　千歳空港ターミナルビル店
千歳市美々新千歳空港ターミナルビル3階
☎0123(46)5830
無休。新千歳空港駅から徒歩5分。

128 デミグラにソース足しうまさ倍増

キッチン友

気持ちよく晴れた日。白楽に来た。今日は洋食が食べたいな。こういうとき、この街ならば〈キッチン友《とも》〉だろう。昔、白楽に住んでいたときのお気に入りの店の一つだ。六角橋商店街からひょいと横丁に入ったところにある。

おっ、ちゃんと営業中だと確認して入店する。14時過ぎなのでお客はどうやらいないようだ。店内に入り、オヤジさんに「いらっしゃい」と言われて2階に上る。何を食べようかね。

ハンバーグもいいけど、メンチカツを食べたいと思ってメンチカツランチを注文。750円。ハンバーグランチ800円か、ペテカツランチ800円もよく食べたな。ペテカツとは一口カツのことですね。ジャンボランチというのもあるがこれは食べなかったね（豪華な一品なので）。

メンチが２つあるよ

ささて、水を飲みつつしばし待つ。店内の様子を見渡すと昔とほとんど変わっていない。ラジオがほどよい音量でかかっていて、ぼんやり聞きながらいい感じだなと思っていると、階段を上ってくる音がした。おかみさんが料理を持ってきてくれたのだ。

味噌汁、メンチの入ったメイン皿、ライスが到着。おお、メンチはなんと二つあるよ。ではまずは味噌汁。ネギとワカメのシンプルな味噌汁だが、ダシが効いていてうまい。飲んでいると昔飲んだことのある記憶がよみがえる。お店の味噌汁は過去を呼び起こす効果があるな。

続けてメンチを。ナイフで切るとわりと軽めのメンチだけれど、カラリと揚がって

いてとてもおいしい。デミグラソースが主張しすぎないほどの爽やかさがいいね。このままでもおいしいけど、ちょっとソースを足して昔は食べたなと思って、実行するとうまさが増す。さらに生野菜関係もたっぷりと付いていて、栄養バランスもバッチリだと思いつつ、勢いよく食べて完食。

ものすごく満ち足りた気持ちになって、階段を下りて行き、おやじさんとおかみさんにお金を払いつつあいさつをして、店を出る。しばらく歩いた後、頭の中に「むむむ、やはりハンバーグも食べたくなったな。今度だな！」という思いがわきあがったのであった。（2011年5月29日）

＊追記　2012年6月現在、値段の変更はないそうです。おかみさんによると、お客さんから「サインをもらっとけばよかったのに」と言われたそうです。なんとも照れる話です（こう書くのも恥ずかしい）。

★キッチン友（きっちんとも）
横浜市神奈川区六角橋1－7－21
☎045(431)1152
水曜定休。東急東横線白楽駅から徒歩1分。

129 休日の昼前食べにくるごちそう

1・2さんきち

よく晴れた気持ちのよい平日の午後、元住吉駅に降り立った。時間は13時。とてもおなかがすいている。ガツンと直球でおいしいものが食べたい。そうだ、パワーの出る洋食がいいなと思って、ブレーメン通りを歩いていると、あっ、〈1《ワン》・2《ツー》さんきち〉に行こうと思い立った。

かくして、横浜銀行の角を曲がると、洋食の文字が記された看板が見えてくる。ここはかなりナイスな洋食屋だと知人から聞いていたのだ。ランチもやっていて、メンチカツ780円、豚の焼き肉780円、そしてぽっきりステーキ1000円。うーむ。今日は贅沢をしてもいいかという気持ちになったので、ステーキでいってみよう！　…と、ちょっと興奮しつつ、入店する。

ややランチタイムを過ぎていたせいで、店内は空いていたけれど、カウンターに

激しく焼けていくステーキ。さあご飯だ！

座る。お兄さんが大きなコップに入った水をくれたので、ステーキを注文。「焼き方は？」と聞かれたので普通にしてもらう。まずサラダが出てくる。これがヤングコーンとレタス、キャベツなどのサラダでうまそうなドレッシングがかかっている。食べたくなるが、メニューがそろうまで待つこととする。

やがて激しく焼ける音を立てつつ、ステーキが登場。こりゃ迫力満点！　続けてご飯と味噌汁も到着したので、まずは味噌汁を飲んで心を落ち着ける。うむ、ワカメとネギのシンプルな具だが、しみじみうまくてこの店の誠実さがわかる。

続けて、ステーキだ！　カットされてい

た肉の下に玉ねぎが敷かれていて、肉の上にはバターが溶けかけている。またレモンが付いていたのでそれを搾り、食べると絶妙のしょっぱさと肉々しいパワーが口の中で炸裂！

いやあ、こりゃたまらんなと、ご飯をバババと口の中に投げ入れ、猛然と食べ始めたのであった。これは実にいい。休日の昼前に起きてぼんやりと食べにくるごちそうランチだな。でも元住吉に住んでいないから、それはちょっと無理だなと思いつつ、サラダのヤングコーンを齧ったのであった。（２０１１年6月12日）

★１・２さんきち
川崎市中原区木月１－４－７
☎044(434)0955
火曜定休。東急東横線元住吉駅から徒歩５分。

＊追記　２０１２年６月現在、値段の変更はないそうです。

130

糧どころ　からし種

自家製漬物

賛美歌　聖書の句

中央林間にユニークなお店があるという。なんでもおいしい魚料理が食べられるが、店内には賛美歌が流れているとのこと。ちょっと中央林間に用事ができたので訪れることにした。東急ストアの裏を歩いているとありましたよ。〈糧《かて》どころ　からし種《だね》〉。この店名も聖書にちなんだものですね（マタイによる福音書などです）。

昼前だったけれど、店はやっているようだったので入店する。賛美歌こそかかっていなかったが、聖書の言葉が店内にいくつか記されている。和風な雰囲気と聖書の言葉という組み合わせがなんともステキですね。

お昼のメニューを見ていると、カウンターの中から「日替わりは刺し身か照り焼きです」とご主人が説明してくれる。照り焼きにしようと注文する。８００円。

出してくれたお茶をいただきつつ、ご主人にお話を伺うとやはりご主人自身がク

フキの煮ものもうれしい

リスチャンとのこと。私もいろいろあって現在キリスト教関係の人たちと会うことが多い。あっ、そう言えば少年時代に洗礼も受けていたな（現在は教会に行っていないけれど）。

そんなわけで、ご主人とキリスト教の話をあれこれする。定食屋でキリスト教の話というのもなんともオツなもんですね(笑)。

ご主人は話しつつも調理を続けていて、次第に定食のパーツがカウンター越しに登場し始める。まずは味噌汁、ご飯、漬物、メイン、そして小鉢という感じだ。そろったので食べることとしよう。

まずは味噌汁を。きざみキャベツが入っていてとても珍しい。そっと飲むと上品な

味わいでしみじみうまいね。続けて照り焼きを。おっ、これはブリの照り焼きだ。醤油をかけた大根おろしにつけて食べる。身がギュッとしまっていてとてもいい。フキの煮物の小鉢も丁寧にこしらえてある。それ以上にいいのが漬物。きゃらぶき、キュウリ、そして大根の漬物の3種類で自家製。漬物が自家製だとそれだけでとてもうれしくなるのは、私がおじさんになったためだろうかと思いつつ、大根を齧ったのだった（ああおいしい）。（2011年6月26日）

＊追記　2012年6月現在、値段の変更はないそうです。「がんばってください」とご主人から励まされてしまった。ありがとうございます。

★糧どころ　からし種
大和市中央林間４－18－17
☎046(276)2103
日曜定休。小田急線、東急田園都市線の中央林間駅から徒歩４分。

131

甘めのタレ 歯応えバツグン おかず力

宝珍楼

日曜なのに恵比寿に用事で行かねばならない。途中で昼ごはんを食べていこうと、新丸子で降りる。各駅停車の駅だし、乗換駅でもないので、あまり降りることのない駅だ。昔の有名なイタリア人旅行家にちなんでつけられた駅名。新マルコ・ポーロなんてね…。うそです、すみません。

さて、駅前をフラフラと歩いていると力のありそうな店がいくつもあって、ワクワクする。そのなかでまるで往年のカフェバーのような店があり、結構込んでいる。なんとここは中華料理店。さらに日曜なのにランチもあるよ。

いくつかメニューがあったが、チャーシュー丼700円がとても気になったのでこれを食べようと入店。入り口あたりのテーブル席に座って注文。うーん、店内も輸入ビールの広告や観葉植物など、本当にカフェバーのようだ。天井も高くて気持

チャーシュー自体にとても力があるので、素晴らしい丼になるのだね

ちがいい。店内に感心しつつ、いただいたタオルで顔を拭いていると、「お休みなのに忙しいわね」とおかみさんがほほ笑みつつ料理を持ってきてくれた。

おお、こりゃ立派な丼。ではまずスープから。深みのある醤油味のかき玉スープ。うまい。これで店の実力がわかったよ。続けて丼に。美しい！　メンマ、ザーサイ、玉子、ホウレン草、そして見事な焼き色のチャーシュー。上から白ネギがかかっている。スプーンが添えられていて、これでバクバク食べてということか。

まずメンマを食べてみる。柔らかくてよいメンマ。そうだ、私はメンマが好きなのだ。続けていよいよチャーシューとご飯に。

チャーシューとご飯に濃いめの甘めのタレがとろりとかかっている。チャーシューは適度に柔らかく、適度に肉々しく歯応えがあり、適度に脂分があり、おかず力爆発！　こりゃたまりません。ゴマ油であえたホウレン草もあり、栄養もバッチリ！　サラダもあるしね！　かくして大満足で完食。会計時におかみさんに聞くと、この店は１９５９年からで、なんと50年以上の歴史がある。まさにオシャレな伝統店なのだった。また来よう。（２０１１年7月10日）

＊追記　２０１２年6月現在、値段の変更はないそうです。このお店、当然ながら他のメニューもおいしい。

★宝珍楼（ほうちんろう）
川崎市中原区新丸子東１－831
☎044(411)2840
月曜定休。東急東横線新丸子駅から徒歩１分。

132 サバ味噌バクバク脳天直撃 一福

ＪＲ横須賀駅までやってきた。気持ちのよい晴れた土曜日の午後だ。横須賀中央のあたりに用事があるのでこのまま歩いて行こう。途中、ヴェルニー公園から海を見ると、いつものように軍艦が数隻泊まっている。私は軍艦好きなので少し見とれつつフラフラと歩いていくと、わりとすぐに京急の汐入駅のあたりに到着する。

そうだ、ここで以前から気になっていた定食の店があったので寄っていくことにしようじゃないか。その店、〈一福〉の前に着く。おお、暖簾がおいでおいでと風にはためいている。それに素直に従って店内に入ると結構満員だ。

どうやら土曜だということもあってか、ステキな昼酒大会を敢行している人々も多いのだった。ただ、そんな昼酒に邁進する人生の諸先輩たちだけでなく、ヤングなカップルやご婦人一人など客層は幅広く、この店が地域で深く愛されていること

ここは「直球」の定食を出してくれる素晴らしい店！もっといろいろと食べてみたい

がよくわかる。

さて、とりあえず入り口近くのテーブル席に玄関に向かって座る。半分開いた玄関から入ってくる風がとてもイイ感じ。メニューを見ると、そば・うどん、中華、定食、一品料理と幅広いが、ここは久々に直球のサバ味噌だろうと、ちょっと期待に興奮しつつ注文する。

定食にして650円だ。グラスに入った冷たい水を飲みつつ、玄関の外を眺めてしばし待つ。白い夏服の男性と女性の自衛官たちが歩いて行って、なんともヨコスカ的ですねえ。かくして定食がお盆に載って到着。こりゃ大きくて立派なサバ味噌。おまけで付いている小さな冷奴

がうれしいね。
　ではまずいつものように味噌汁からだ。油揚げとワカメの具でうまい。外から入ってくる陽《ひ》の光が味噌汁にそそいでキラキラしてさらにうまさを増しているよ。
　ではサバだ。こりゃ白味噌かな。スッと箸が入る絶妙な柔らかさ。煮込みはあっさりしているようだけれど、甘めで濃厚な味噌と相まって脳天まで突き抜けるうまさ。「こりゃ、まったくもってたまりませんね」とご飯をバクバクと食べ進めたのであった。
（2011年7月24日）

＊追記　2012年6月現在、値段の変更はないそうです。

★一福
横須賀市本町３－12
☎046(822)3881
日曜定休。京急線汐入駅から徒歩３分。

133

予想通りの肉々しいハンバーグ

あの頃の洋食 洗濯船

京急を黄金町で降りる。今日はぜひとも一度入ってみたかった洋食屋を目指すぞ。大岡川を渡ったところにあるのが〈洗濯船〉。ちょっと変わった店名だが、「あの頃の洋食」とも記されていて気になっていたのだ。訪れたのは土曜の13時だったが、ランチはやっていた。表のメニューを見るとビーフカレー700円、ポークソテー800円などいろいろあるが、なんだかハンバーグ定食750円にしたくなった。

ドアを開けて入ると、店内はそれほど広くはなく、少しばかりのテーブル席と、一つの大きなテーブルを囲む席で構成されている。テレビもあって、なんとも定食屋的な雰囲気だ。大きなテーブルの端っこに座り、やはり当初思いついた通りにハンバーグ定食を注文し、水を飲みつつしばし待つ。店内には地元らしきお兄さん、ご老人、カップルたちが食事をしていて地域で愛されている雰囲気が漂う。

ご飯によく合うハンバーグ

居心地がいいなと思っていると、漬物、味噌汁、ご飯、ハンバーグの順で登場。おお、立派なハンバーグ定食だ。まずは味噌汁を。豆腐、ナメコ、ネギの具で丁寧にこしらえてあって、店の誠実さがわかる。続けてハンバーグに。フォーク、ナイフも用意されているけど、これはお箸のような気がしたのでそうする。

予想通り、柔らかいハンバーグ。食べると、たっぷりとかかったデミグラスソースと肉々しいハンバーグが素晴らしいハーモニーを奏でる。こりゃおいしい。これは確かに懐かしい味だ。白いご飯によく合うよと感心する。添えられていたスパゲティ、マッシュポテト、キャベツは後で食べるこ

とにして、とりあえずハンバーグでご飯を食べ終える。
すると予想通り、デミグラスソースが多めに残っている。よしよしと思いつつ、まずはマッシュポテトを。おお、温かいな。かくしてキャベツとスパゲティが残った。この二つをデミグラスソースであえて食べる。特にスパゲティがミートソース味のようになってうまいねえ。いやあ、本日の定食運営計画はバッチリ成功したなと一人で満足したのであった。（２０１１年8月14日）

＊追記　２０１２年６月現在、値段の変更はないそうです。ｔｖｋのテレビ取材、「かながわ旬菜ナビ」でも店を訪問してしまいました。ロールキャベツもうまいです。

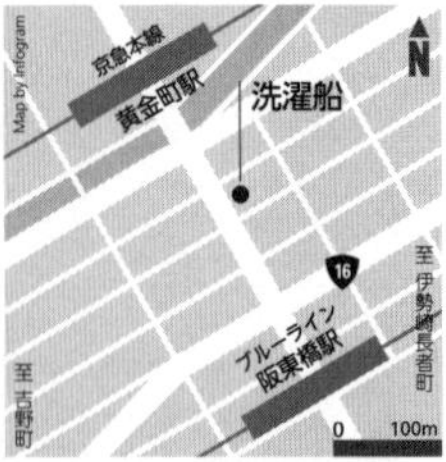

★あの頃の洋食　洗濯船
横浜市中区末吉町３－67
☎045（251）5540
日曜定休（月曜が祝日にあたる場合は月曜も休み）。
京急線黄金町駅から徒歩２分。

134

具だくさん 大満足の 五目焼きそば

翠華楼

夕方、鶴見で用事が終わった。おなかがすいたので何かをしっかりと駅前で食べていこう。こういうときに行きたいのが〈翠華楼《すいかろう》〉。長く鶴見の人々に愛されている店とのことだ。

店に入るとゴージャスな入り口。2階に上がっても格式の高い中華料理店という感じだ。店の人に案内され、着席。さぞかし高いかなと思いきや、実にリーズナブル。一品料理はもちろん、麺飯類もいいお値段。よし、好物の五目焼きそば735円にライス210円を付けちゃおう。

注文して、持ってきてくれたポットのお茶を飲み、おしぼりで顔を拭きつつ待つ。店内には車椅子のおばあさん、宴会やっているおじさんなど多彩な面々で、地元で愛されているのがよくわかるなあ。

玉子とコーンのスープもうれしい

かくして五目焼きそば登場。そしてライスとサービスのスープも持ってきてくれる。このサービスのスープが実にうれしいねえと思いつつ飲むと、これがやはり大好きな玉子とコーンのスープで一層うれしくなる。優しい味だねえ。

続けて焼きそばに着手しよう。立派な銀色のお皿に載っていて、とてもおいしそうだ。きくらげがとてもデカイなと思いつつ具を「掘って」いくと、出るわ出るわ。ニンジン、青菜、たけのこ、きのこ、エビ、イカ、鶏肉、うずら玉子とすごく豊富な品数。麺はパリパリだけど、徐々に「あん」の力で柔らかくなっていくパターンで味の変化を楽しむことができる。

とりあえず、上にある具をおかずにご飯を食べちゃおうと、バリバリ食べ始める。うーむ、それにしても焼きそばが一向に減らない。この食べ方だとスゴくボリュームがあったことに今更気づくが、もう遅い。とりあえずがんばってどんどん食べて完食。うーむ、おなかがいっぱいで大満足。

会計を済ませて店の外に出るともう暗くなっている。家のある町田に帰るには横浜線の出ている東神奈川に出ないといけないが、なんだか面倒だ。そうだ、バスで新横浜までは楽に帰ろうと思って駅前のバス停に並んだのであった（実はこの鶴見～新横浜のバスはとてもステキです）。（２０１１年8月28日）

＊追記　２０１２年６月現在、値段の変更はないそうです。「いつでも焼きそばを仕込んでおきますのでいらしてください！」とおっしゃっていただきました。はい行きます。

★翠華楼（すいかろう）
横浜市鶴見区豊岡町２－２
☎045(571)1381
年中無休。ＪＲ京浜東北線鶴見駅から徒歩２分。

135 うれしく困る 無料でバイキング

洋風居酒屋ピース

読者の方から本厚木にステキなランチが食べられる店があるとご連絡をいただいた。「それならば」ということで、小田急に乗って本厚木駅にやってきた。南口に出てわりとすぐのところにあるビルの4階にその店〈洋風居酒屋ピース〉があった。ビルの入り口に案内があり、ランチは650円からだ。「よしよし」とうなずきつつエレベーターで店まで行く。オープン直後の11時30分だったので店は空いている。爽やかなカフェ風のお店。入り口に「本日の魚」のメニューがあった。いろいろあるが「イワシの煮付け」のランチ650円にしよう。

店内に入り、壁際のテーブル席に案内されて注文。あ、なんとバイキング料理が無料で付いている！　これはスゴイと、とりあえず注文した料理が来る前に立ち上がり料理を見に行く。グラタン、トースト（ジャム、トースターまである！）、そ

本当はもっと際限なくとることができるけど、まあこのくらいで

うめん、天ぷら（芋、シメジ）、納豆、サラダ、キムチ、ナムル、芋の煮もの、そして寿司（玉子、たこ、生ハム）まであるよ。

さらにデザートとしてメロンとリンゴまで！　これはものすごく豪華だ。さらに＋150円でドリンク飲み放題にもできる。

とりあえず、いろいろもらってくると、メインとご飯とスープがやってくる。とても立派なイワシが2匹だ。とりあえずスープを飲むことに。レタスとソーセージのスープで、このあたりが洋風居酒屋なのだろうか。

続けてイワシに着手。四国にいた少年時代はよく食べたが、上京してあまり食べなくなったので懐かしい魚料理だ。実家ではしょっぱく煮付けていたが、ここのは甘め。

それでも濃い味なので、おかず力はとてもある。

ちなみにご飯のお代わりもできるのだが、ここはものすごいバイキング軍団が控えているために、ご飯の運用をなるべく抑えねばならない。そうでなければ、もらってきた寿司やそうめんやその他もろもろをたいらげることができないのだ。うーむ、実にハゲシクうれしく困った店だなと思いつつ、そうめんを食べたのであった。(2011年9月11日)

＊追記　2012年6月現在、ランチはやっていないそうですが、またやるかもしれないそうです。乞うご期待。

★洋風居酒屋ピース
厚木市旭町1−1−1
アオデンビル4階
☎046(280)4960
無休。小田急線本厚木駅から徒歩1分。

136 強めの塩味がおかず力 強烈に発揮

萬里 野毛本店

疲れているな。こういうときは元気をつけねばと思いつつ、関内から野毛に向かってフラフラと歩いて行く。そうだ、〈萬里《ばんり》〉で中華を食べよう。実はこの萬里は、ほぼ20年も通っているので書きたいことは山ほどあるが、とりあえず今日はランチの報告です。

さて、ランチはABCの3種類がある。ここはAの鳥肉角切り炒め650円にしよう。入店した時は13時だったが、この時間は1階のカウンターだけ。遅い昼食を食べている近所のおじさんやサラリーマンたちがいるな。

椅子に座り、注文すると出てくる冷たい水。歩いてきて暑かったので、この水がとてもうまい。さらにおしぼりもくれたので顔を拭いて幸せになる。奥にあるテレビでやっているバラエティーを見ていると、カウンターの中で鍋を振る景気のいい

このスープのお皿が独特

音が聞こえてくる。
まず、杏仁豆腐とザーサイが出てきて、続けてライス、スープ、メインがドーンとやってくる。ここのスープはとても独特で、平たいシチュー皿のようなお皿に入っている。青菜とかき玉のスープを飲むと「これこれ」という思いが体の中にみなぎってくる。
続けて鳥肉炒めを食べよう。ダイナミックにカットされたたけのこ、赤ピーマン、青ピーマンも入ってボリュームたっぷり。ちょっと強めの塩味が強烈なおかず力を発揮する。食べていると果てしなく元気が出てくる。
やはり、萬里の料理は私の体を構成しているのだと実感。かくして完食し、食後の

杏仁豆腐を食べていると、隣でサラリーマンのおじさんが炒飯大盛りと餃子を食べている。

ああ、餃子！　萬里の餃子は恐ろしくパワーを持っている。何しろ日本の焼き餃子の発祥の一つだからね。これはいけません。近々、仲間を集めて大餃子大会に再び来なければならないと強く思って席を立ったのであった（実際、実行しました）。

追記…この萬里を出た後、野毛界隈になぜか多い、１００円自動販売機の冷たい缶コーヒーをチビチビ飲むと、「私的昼の萬里コース」が完成するのであった。（２０１１年９月25日）

＊さらに追記　２０１２年６月現在、値段の変更はないそうです。ああ、また萬里の餃子が食べたくなった！　杏仁豆腐もいいんだよ。

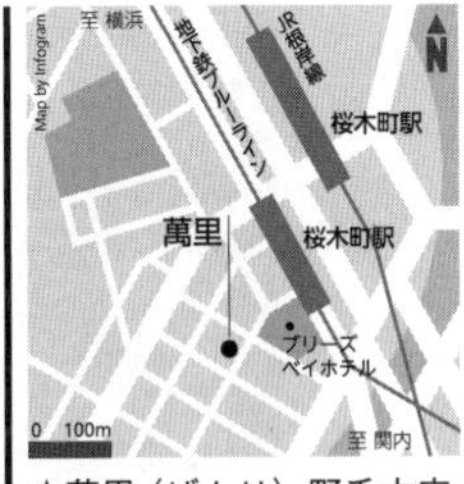

★萬里（ばんり）野毛本店
横浜市中区野毛町２－71
☎045(231)8011
無休。ＪＲ・横浜市営地下鉄桜木町駅から徒歩４分。

137

豚の脂分とナスのトロリ 甘い味噌で合体

おきらく食堂 陽喜亭

相模鉄道を西横浜で降りた。昔天王町に住んでいたころに、隣駅だったのでよくふらふら歩いてきたところだ。近くに藤棚という徳のある商店街があり、野菜やらお菓子やら古本やらよく買い物をしたな。

さて、西横浜駅から国道1号（東海道）に出て、横浜方面に向かって歩いていると、〈おきらく食堂〉というステキな名前のお店があった。ちょうど昼時なので食べていこう。値段を見ると、大体600〜700円程度でいい感じだよ。

表の看板には本日の日替わりが二つ出ている。Bはまぐろ山かけ丼、もう一つのAは豚バラ肉とナスの味噌炒め定食。各680円。うーん、悩むところではあるけれど、やはり秋だからナスにしようと方針を決定して、入店する。

店内はさほど広くはなく、大きなテーブルと窓際のカウンター席。奥にテレビも

カッコいいナス味噌！

あって、まさに食堂的です。入り口そばのカウンターに座ってお姉さんに注文。水、お茶はセルフだったので、立ち上がって水を汲んできて、それを飲みつつしばし待つ。

12時30分という直球昼食タイムなので、次々と客は入ってくる。営業途中のサラリーマンという感じの男性が多く、食べるとすぐ出ていくのが特徴だ。隣のおじさんは、またたく間にまぐろ山かけ丼を食べあげて、出ていった。

おじさんが出ていくのと入れ替わりに、私のナス味噌登場。おお、イイね！　お新香、味噌汁以外に、サラダ、冷奴も付いているよ。まずは味噌汁。お揚げとワカメとネギのシンプルな味噌汁だが、丁寧でおいしい。

「やはり間違いなかった」と思いつつ、ナス味噌へ。これはなんとも美しい盛り付けだ。食べるとナスには隠し包丁もしてあって、味がしみ込むようになっていて素晴らしい。ご飯に乗っけて食べると、豚の脂分とナスのトロリ感が甘い味噌で合体して激しいおかず力となり、ご飯が進むなあ。もりもり食べちゃうよ。

ちなみにランチタイムはご飯は大盛り無料で、味噌汁はお代わり可なので、このあたりもうれしいところですね。（２０１１年10月9日）

＊追記　２０１２年６月現在、値段の変更はないそうです。

★おきらく食堂　陽喜亭
（ようきてい）
横浜市西区浜松町11－32
スプラビル１階
☎045（262）3601
日曜定休。相鉄線西横浜駅から徒歩４分。

138 心射抜かれた新サンマのショウガ煮 瀬戸内

綱島で東横線を降りる。東急ストアの入っている駅ビルの2階にある〈瀬戸内〉に行こう。四国出身の私としてはとても気になる店だったのだ。

階段を上ると途中にメニューが張ってあり、昼の定食は700円でいろいろある。いいなと店の前まできて中に入ると、13時なのに満員。いや、これは間違いないな。とりあえずカウンターが空いたのでスッと座る。

メニューには今日の日替わりもいっぱいあるな。迷うが、「新サンマのショウガ煮」に心を射抜かれたのでこれにしよう。さらに小鉢を三つの料理から二つ選ぶシステム。①ごぼうサラダ②ナスのピリ辛煮③野菜のうま煮。うーむ、①③だ。

入り口のそばに水のサーバーがあったので自分で汲んで飲んでいると、おかみさんが緑茶を出してくれる。飲むと、こりゃいいお茶で、ますますときめいてくるな

小鉢もたまらなくおいしい！

あと思っていると、カウンターの上にある大皿から、おかみさんがひょいひょいと小鉢の料理を取って、奥からくるメインと組み合わせて定食を完成させるシステム。

かくして私の番がやってきて、カウンター越しに定食がやってくる。こりゃごちそうだ！　まず味噌汁から。ジャガイモ、ゴボウ、大根、ワカメ、そしてアサリと陸海軍総出動という豪華さで、口に含んだ瞬間「うまい」とうなってしまう。

むむ。続けてサンマに箸を入れる。食べるとほんの少し甘めだけど、ショウガが効いていて、四国の実家で食べていた煮魚の味に近い。やはり青魚はショウガがポイントだとバシバシ食べる。米もおいしいよ。

そして小鉢に箸を伸ばす。まず野菜のうま煮。ニンジンから食べる。子どものときニンジンが苦手だったので今でもニンジンから食べる癖があり、死ぬまで直らないだろうな。そしてジャガイモ。味噌汁のジャガイモと違ったおいしさ。新ジャガなのかホクホクしている。

それにしても、この定食全く隙がなく、全面的にうまい。こんな素晴らしい店が隠れ家のように綱島駅にあるなんて本当にびっくり。ちなみに、ステキなおかみさんのお父さんが山口出身とのこと。なるほど。

また来よう！（２０１１年10月23日）

＊追記　２０１２年６月現在、値段の変更はないそうです。ここ、おかみさんも料理もすべてステキなお店ですぜ。

★瀬戸内
横浜市港北区綱島西１－１－８　綱島駅ビル２階
☎045(543)2968
日曜・祝日定休。東急東横線綱島駅から徒歩１分。

秋の定食　column 2

1年中食べているほど定食好きの私であるが、秋には秋なりの定食の味わいがある。小料理屋や料亭のように「さあ、全身で季節を感じて！」というわけにはいかないけれど、「ああ、秋だなあ」と思うメニューや一品が定食屋にもある。今回はそのあたりを少しばかり紹介しよう。

■焼き茄子定食　夏の終わりくらいから茄子はとてもおいしくなってくる。そこで登場するのが焼き茄子定食。小田急線の六会日大前駅そばの「高砂食堂」でいただくことができるが、10月初旬までの限定定食。茄子は近所の農家から仕入れたものとのことで、大きな茄子を焼いたものにどっさりとかつお節がかかっている。醤油をジャーとかけていただくとこれがとても熱い。「アチチチ！」と言いつつ、柔らかい焼き茄子をご飯に乗っけて食べると実におかず力があり、秋がきた実感がわく。ちなみに、この定食、ネギトロと、冷奴もおまけで付いてくるので、なんともごちそう感に満ちていて、うれしくなるのだった。

■焼き秋刀魚定食　名前に秋と入っているくらいだから、これはもう秋らしい定食。おそらく日本の働くお父さんたちは年齢を重ねるごとに魚系定食を食べたくて仕方がなくなる。渋谷の並木橋にある「のじま」は、昼に秋刀魚の開きやブリなどの魚定食がいろいろ食べられるシアワセな店。焼魚には大根おろしをどっさり付けてくれるのでそれに醤油をたらしてビシビシご飯を食べると、午後の働く力がわいてくる。秋刀魚の開きは一年中食べられるけど、新秋刀魚は秋限定。東急田園都市線の溝の口駅近くにある「キッチンとみぃー」では、秋刀魚の塩焼きとチキンカツのセットの定食がとてもよかった。肉系と魚系の両方の元気が手に入るね。

■炊き込みご飯　時々定食屋のおやじさんが、気が向くと白ご飯だけじゃなくて炊き込みご飯を作ることがある。今はもうなくなってしまったけど、中目黒にあったとんかつ屋「とんき」のおやじさんは、秋には「きのこご飯」を作った。この店、おやじさんはちょっと変わっていたけど、揚げものをはじめ料理はとても素晴らしくて、この炊き込みご飯もしめじやしいたけなど秋のきのこがいっぱい入っていた。あまりにおいしいので、「おかわり！」とおやじさんにお茶碗を出すと、おやじさんは私の顔をじっと見ながらご飯をよそってくれた。実はおかわりはできなかったのだが、あまりにも私が自然にお茶碗を差し出したので、おやじさんはついついよそってしまったらしい。

■肉豆腐　別に肉豆腐は一年中食べられるメニューだけど、夏の暑い盛りにわざわざ注文はしない。しかし、夕方に涼しい風が吹き始め、空が高く澄んでき始めたら、「そろそろだな」と肉豆腐でご飯が食べたくなる。恵比寿の定食屋「こづち」の肉豆腐は、豆腐と薄切りの豚肉だけを甘く煮たものだけど、こってり豚肉とさっぱり豆腐のハーモニーでおかずとして強く機能する。「こづち」は焼飯もおいしいので、肉豆腐と一緒に食べたりもする。

■中華街　横浜にある中華街は季節の移ろいにとても敏感だ。秋の訪れとともに、月餅が大々的に発売されたりするのが象徴的だが、それ以外にも秋はある。中華街は平日昼のランチが５００～７００円くらいで実にご機嫌なのだけれど、昼の炒め物定食（牛肉と季節の野菜炒めとか）のなかに銀杏が入っていたり、しめじが入っていたりする。

■おまけ　定食屋では「おまけ」をくれる場合がある。以前、新横浜のはずれにあった定食屋「もりた」（今はない）では、半分に切ったバナナや１／４のりんごなどをくれた。9月終わりに訪れたとき、とんかつ定食に青いみかんを付けてくれた。油ギッシュなとんかつ定食を食べた後に食べた青いみかんはとても酸っぱかったけど、なんともさっぱりしたし、それ以上に「ああ、秋がきた」と実感したのだった。

『四季の味』66　秋号（2011年10月発行）掲載文を改稿

139 創業時の味 守り続けたヤキメシ 富珍楼

横浜駅で用事が終わった。このままJR横浜線に乗って町田に帰ってもいいけど、爽やかな秋空の下、ふらふら歩いて昼飯でも食べていこうと思って、反町方面に歩いて行く。やはり気持ちがいい。

途中、横浜フランセでシュークリームなどを土産に買い、さらにいい気になっているともう泉町。ここには古書店があるので寄って行くこととして、その前に入って見たかった〈富珍楼《ふうちんろう》〉にチャレンジしよう。ここはヤキメシ（600円）が有名なのだ。入店するとコンパクトなお店。なんだか、店内には生活雑貨などもあり、まるで親戚の家に来たみたいだ（笑）。

ただ、店内はとても清潔で、店の誠実さがとてもよくわかる。おかみさんが出てきたので、ヤキメシ注文。「ちょっと暑いかしら?」と、玄関を開けてくれたり、「こっ

他では食べられない味です

ちの席に座るとテレビがよく見えるよ」とか素晴らしい気遣い。いやあ、いい店だ！

ぼんやりテレビを見ていると、おかみさんがゆっくりと調理をする音が聞こえる。いつもなら、店の中で取材メモを取り始めるのだが、あまりの居心地のよさに、本当にボーっとする。いや、これは親戚の家ではなくて実家だよ。

かくしてヤキメシ登場。…とてもユニークなルックス。丼に入っていて、上にちらし寿司のように錦糸玉子と焼き豚が載っている。「こりゃ、カッコいい！」と思わず言うと、そばでたたずんでいたおかみさん、創業した大正時代から、ヤキメシはレシピを変えていないそうだ。…この店はそんな

伝統店だったのか！

お聞きすると、最初は平沼橋で店をやっていたが、昭和20（1945）年からこの泉町に移転してきたそうだ。へえと思いつつ、ヤキメシを食べると米の一粒一粒がとても香ばしく、上に載った玉子、焼き豚以外の具はネギだけだが実にうまい。サクサク食べていくヤキメシならではの軽快感がここにはあるね。

スープもしみじみおいしく、あっという間に食べ終える。現在はおかみさん一人で店を切り盛りしているが、まさに「横浜食遺産」のようなこのヤキメシ、いつまでもいつまでも食べたいものだ！（2011年11月6日）

＊追記　2012年6月現在、値段の変更はないそうです。「ぜひまたいらしてください」とおかみさん。本当に行きたいなあ。あの居心地のよさはたまりませんよ。

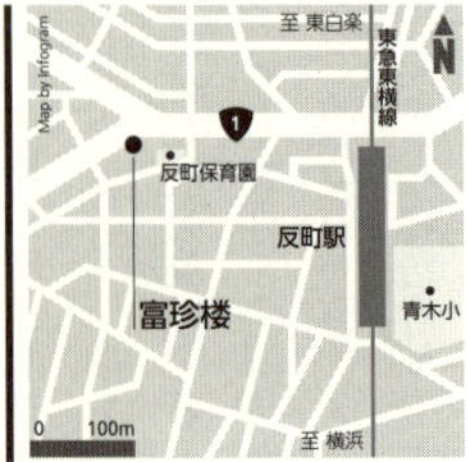

★富珍楼（ふうちんろう）
横浜市神奈川区泉町1－6
☎045(322)0066
木曜定休。東急東横線反町駅から徒歩2分。

140 野菜たっぷり

奥行きある塩味のスープ

古久家

藤沢に行くと必ず寄りたいのが〈古久家《こくや》〉。この店との付き合いも長い。江の島の海に泳ぎに行って、帰りに小田急かJRに乗る前にダイヤモンドビルの地下のこの店で、ラーメンを食べるのが定番であった。

最近は海に泳ぎに行かなくなったけど、それでも古久家に寄ってしまう癖はそのままだ。今回も小田急に乗る前に寄る。土曜の昼下がりということもあって、猛烈に混んでいる。ここは食券制なのでレジでまず先払い。そういえば、この店、メニューにライスがないけどどうかなと思って聞いてみるとあるとのこと。小ライス160円。

ああ、この店で初めてライスの存在が確認できたよ。こりゃいいな、タンメン650円と組み合わせようと思って双方注文。食券をもらうと領収書も付いているシステム。さほど待たずに案内される。

よーく見るとユニークな定食

ご同輩と相席となるので会釈して座る。店内のレトロな感じも実にたまりません。水を飲みつつしばし待つと、タンメンライス登場。ライスにはスープも付いているので、汁は2倍（笑）。ただ、タンメンを完全なおかずと考えれば、これはタダシイ定食の形となるわけだ（ちょっとヘンだが）。

ではまずスープから。これはオーソドックスな醬油味。続けてタンメンに。白菜、ニンジン、もやし、ニラ、キクラゲ、そして豚肉などがたっぷりと入っている。ぐるぐるとかき混ぜてまずはこちらのスープも飲む。これは奥行きのある塩味のスープ。うまい！　野菜もたっぷりと取れるし、栄養もバッチリだよねとツルツルと食べ進める。

あっ、途中でライスも食べなくちゃ。ライスにはエライことに、ザーサイが付いている。このザーサイが辛くなくて、とてもおいしいな。ご飯がとても進むよ。そして「君も忘れていないよ！」と時折醤油スープを飲むこともね。

かくして全部食べるとやや食べ過ぎ。この店ではこのまま去るわけにはいかない。というのも、子どもたちのために持ち帰りラーメン２人前２８０円を買わなければならないからだ（これもおいしい！）。（２０１１年11月20日）

＊追記　２０１２年６月現在、値段の変更はないそうです。ラーメンはいつも通る度に買って帰ります。

★古久家（こくや）
藤沢市南藤沢２－１－３
ダイヤモンドビル地下１階
☎0466(23)6777
原則無休。ＪＲ東海道線・小田急線藤沢駅から徒歩１分。

141 完全に満足な実力派のドライカツ

洋食屋さんポワレ

川のある街はステキだ。大きな水がゆったりと流れているのを見ると心が落ち着く気がする。東横線の綱島駅から綱島街道を大倉山方面に大綱橋を歩いて渡って行くときに鶴見川を見てしみじみそう思った。なんだか山口百恵「いい日旅立ち」を口ずさみたい旅情を感じる。

そんないい気持ちになりつつ、樽町で左折してしばらく歩くと、洋食〈ポワレ〉がある。ここは実力派の洋食屋と聞いてきたのだ。日曜の13時という時間だが、店の表を見るとおすすめのＡＢＣのセットが用意されていることがわかり、この店のやる気がわかる。

Ａエビフライ、チキンカツ、目玉焼き８００円もとても食べたかったが、この店ではまずドライカツ７００円を食べねばならない。入店するとまず券売機があるの

男の夢が実現した食べ物！

で、チケットを買う。店内はカウンターでほとんど席が埋まっているな。着席すると、店の人が素早く水を出してくれる。

カウンターの中ではマスターが恐ろしく機敏に動いている。一人でフライを揚げたり、ピラフを炒めたりと、まるで千手観音か、「千と千尋の神隠し」の釜爺《かまじい》のようで、動きのすごさに圧倒されて見ほれてしまう。次々と客の料理ができていき、私の前にも、サラダ、スープが出てきて、しかる後にメインが登場する。

まずスープを。ジャガイモ、ニンジン、玉ねぎなどが入ったスープでしっかりと作り込んでいる味。うまい。続けてメイン。これはスゴイ食べ物だ。ドライカレーの上

にドーンとカツが載ってさらにカレーがかかっている。男が食べたいものが全部集結したみたいだ！　私が追求しているトルコライスとも似ているが…（後でマスターに聞くとトルコライスの流れではないそうだ）。

　では食べよう。むむ、カツはサクサク、ピラフはパラリ、カレーは深い味と、すべて素晴らしい出来上がり具合。単品としておいしいものが同時に攻めてくるのでスサマジイおいしさだ。ドライカレーに入った玉子とハムもうれしい。間に食べるサラダのドレッシングも自家製ということで、完全に満足な綱島の日曜の昼下がりなのだった。（2011年12月4日）

＊追記　2012年6月現在、値段の変更はないそうです。今度はABCのセットも食べたい。

★洋食屋さんポワレ
横浜市港北区樽町2－2－22
☎045(547)5234
火曜定休。東急東横線綱島駅から徒歩10分。

142 新鮮なホルモンで元気チャージ
いくどん 相模原駅前店

ＪＲ相模原駅近くで、夜21時に用事がある。その前に何か夕食を食べておこう。さて何にしようかな。やはり、ガツンとパワーのあるものを食べたいと思って歩いていると、おお、〈いくどん〉があるじゃないか。いくどんは、私の住んでいる町田に多い焼き肉ホルモンの店で、七輪で焼いて食べるのが特徴だ。基本は「飲み」の人が多いが、食事だけでもＯＫなので、ここで腹ごしらえをしておこう。

若干、服に「香ばしい」匂いがついてしまうのだが、まあいいや。男は細かいこと気にしちゃいけないね。さて、玄関から入ると、19時半くらいだったので、奥の部屋ではおじいさんたちの宴会が繰り広げられている。手前にカウンターがあったのでそこに座る。すでにカウンターの片隅では、ご同輩が一人で肉を焼いて宴会をやっているね。

味噌も醤油もタレは双方おいしい

さて、用事があるので酒を飲むわけにもいかないので、ウーロン茶100円、定番の味噌ダレのホルモン（シロ）400円、ライス200円を注文。計700円。ちなみに、この店ではキャベツとスープは無料でサービスしてくれるので、この注文で定食が完成するのであった。

かくして、七輪が運ばれてきて、ホルモン、ライスなどなど続々と到着。さあ、焼いて食べるぞと七輪の上にホルモンをどんどん載せていく。焼けるまでの間にまずスープを。鳥のダシが効いていてすっきりとしたスープ。心が落ち着く。ホルモンはなかなか焼け具合が難しいが、大体焦げ目が付いてくるとOKだ。

味噌ダレと醤油ダレを両方用意してさあ食べよう。ここのタレは甘くなくてつまみ用と言えるかもしれないが、ホルモンが新鮮なことと、脂分もあるためか、焼けてタレをつけるともうおかず力爆発で、ご飯をもりもりと食べることができる。

ついでに生食用のキャベツも少しあぶって、タレをつけて食べると、香ばしくなっておいしい。かくして完食すると元気がチャージされた感じ。よし、あと少しがんばるぞと、用事を済ませるべく、夜の相模原へと出掛けていったのであった。（２０１２年１月８日）

＊追記　２０１２年６月現在、値段の変更はないそうです。一人ホルモン焼き肉もオツなもんです。

★いくどん　相模原駅前店
相模原市中央区相模原３－３－８
☎042(776)0528
年中無休（夜のみ営業）。ＪＲ横浜線相模原駅から徒歩３分。

143 ボリュームたっぷり ホイコーロー 盛華楼

相模鉄道「鶴ケ峰駅」のあたりは最近変化している。特に駅前にドーンと高層マンションができて雰囲気が変わった。２０１５年には隣の西谷駅から、新設の羽沢駅（仮称）を経由して、新宿方面へのＪＲとの相互直通運転が開始される予定で、そうなれば、さらに雰囲気が変化していくことだろう。計画が発表されたのは随分前で、まだまだ「未来」の話だなと思っていたら、もう3年後だよ。つまり、あっという間に「未来」が来てしまったわけだ。

さて、このマンションの低層階にココロット鶴ケ峰というショッピング街があり、その中に老舗の中華料理店〈盛華楼《せいかろう》〉があると聞いたので訪れた。訪れたのは祝日の16時前だったが、店の前で確認すると「本日の定食」があった。よかった。定食は3つあったが、その中でもホイコーロー定食８００円がおいしそうなので、これ

ホイコーローはおかず力あるね

にしようと思って入店する。

店内は、カウンターとテーブル席などいくつかのバリエーションがあるが、カウンターがわりとゆったりとしているので端っこに座る。注文して出てきたお茶を飲みつつしばし待つ。昼食と夕食の間の中途半端な時間だが、店内には結構客がいて、地元で愛されているのがよくわかる。カウンターの上には新聞も置いてあり、一人で来てもバッチリの定食屋的な良い雰囲気だ。

かくして私の注文した定食が登場。おお、キャベツが油でテカテカしていてとてもおいしそうなホイコーローだね。すぐにご飯とともに食べたくなるが、そこをグッと我慢してまずスープを。コクのある直球中華

スープでおいしい。ではホイコーローに。大ぶりに切られたキャベツとたっぷりの豚肉が味噌で絡まっているので、そりゃおいしくないわけがない。食べると予想以上に、絶妙の火加減でキャベツはシャキシャキ、肉はボリュームたっぷりでハゲしく米を呼ぶぜ！　ああ、おいしいおいしい。合間に食べる芋とニンジンの煮ものがほどよい鎮静作用がある。この煮もので少し気持ちを静めて再び〝ホイコーロー〟大会に入るのであった。（２０１１年１月22日）

＊追記　２０１２年６月現在、値段の変更はないそうです。訪問時は煮ものが付いていたけど、これは日替わりでいろいろ変わるそうです。

★盛華樓（せいかろう）
横浜市旭区鶴ケ峰２－82－１　ココロット鶴ケ峰内
☎045（373）6001
相鉄線鶴ケ峰駅すぐ。無休。

144 マグロとアボカド　どぶ板食堂Ｐｅｒｒｙ（ペリー）スパイシーに

土曜日に横須賀方面に行くことが多くなった。そうなると昼食も食べることになるが、この街は誘惑がとても多くて困るね。実は「どぶ板通り」あたりでカレーでも食べようかなと思っていたら、〈Ｐｅｒｒｙ〉という食堂の前に来るとランチをやっていて、「まぐろアボカド丼」があった。サラダ付きで６００円。これにしようと入店。カウンターに座り、「土曜もランチをやっているんですね」とお姉さんに聞くと「時々ですけどね」とのこと。注文して水を飲みつつしばし待つ。

店内はアメリカンダイナーのような洒落た造り。簡易食堂とも大衆食堂とも訳されるダイナーは、米国の定食屋ともいえる存在で、いつか本場のダイナーに行きたいものだと思いつつ、テレビで流れているＭＴＶ（音楽番組）を見る。やがてランチ登場。おお、まさにアメリカンな和食だね！　サラダにサザンアイランドドレッ

丼はもちろん、サラダがおいしい

シングというところもアメリカン。ちなみに、沖縄で食べるサラダにもこのドレッシングがよくかかっている。

さて丼だが、お兄さん（店長）によると「マグロには醤油もかかっているので、適度に混ぜて食べてください」。それではと、フォークとスプーンで食べることにする。丼の半分はアボカドにマヨネーズ、半分はマグロで、中央に紅ショウガのみじん切りとサルサソースが載っている。混ぜて食べるとフシギな味。ご飯は温かい。確かに「まぐろ丼」なんだけど、サルサソースのおかげでスパイシーな感じ。さらにアボカドが温かいご飯の上でとろりと溶けてマグロなみにうまくなっている！　いやあ、驚きの

おいしさだ。マグロとアボカドはカリフォルニア巻きなどで使うこともあるけど、丼でもいいのだと納得して食べ進み、完食。

最後にデザートのようにサラダを食べる。おお、レタス、キュウリとともにシャキシャキで実においしい。トマトもみずみずしい。「ああ、私は今、野菜を体が欲していたのだ」と実感したのであった。今度はぜひともここで海軍カレーを食べよう。あっ、今回から数回、横須賀・三浦地区を回ります。（2012年2月5日）

＊追記　2012年6月現在、値段の変更はないそうです。ここはなかなかカッコいい店です。

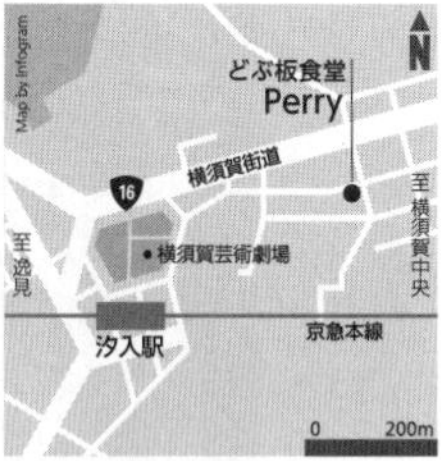

★どぶ板食堂Ｐｅｒｒｙ（ペリー）
横須賀市本町２－19
☎046(876)5325
無休。京急線汐入駅から徒歩８分。

145 やっぱり冬は かきフライ 副菜も充実

御食事処 寿司金

横須賀のさいか屋のそばに、以前からちょっと気になる定食の店があった。しかし、店名は〈寿司金《すしきん》〉。不思議に思っていたが、土曜の昼に通り掛かり、表のメニューを見ると魚系定食がとても充実している。さらに暖簾がまるで「おいでおいで」をしているように揺れていた。「よし！」と心を決めて入ることにする。

扉を開けると、店内はやはり寿司屋のようなカウンターと小上がりがある。カウンターの入り口近くに座り、メニューを再度眺める。さけ塩焼き定食７５０円がいいかなとも思ったが、かきフライ定食があったのでそれにする。８００円。出てきた熱いお茶を少しずつ飲みつつ、馴染みのお客さんの病気の話などをぼんやりと聞き流していると、私の定食が登場。こりゃ、副菜もたっぷりで定食的魅力に満ちあふれている。

おかずもいっぱいでうれしい

では、まず味噌汁を。具は油揚げ、ワカメ、水菜で、しみじみおいしい。実は、カウンター越しにおかみさんが私のために最初から作ってくれていたのが見えていた。もう、作っている途中から期待していたけれど、これは期待以上の満足があるよ。

続けてかきフライに着手しよう。小ぶりなかきフライがごろりと7つ。トマト、キャベツなど皿の上もきれいですね。スパもあるのでうれしい。では、ソースをかけて早速いただこう。食べると、ハードに揚がった衣の中から、とくとくっとあふれてくる海のミルク。むむむ、たまらん。やはり冬はかきフライ定食を食べないとね！

小鉢も食べよう。まずは「さつま揚げと

豆腐の煮物」。甘辛く煮てあって、私の好きな味だよ。今度はもう一つの副菜、「きんぴら」。きんぴらはものすごく好きなんだよねと思って食べると、歯応えしっかり、油分十分のステキなきんぴら。きんぴらもかきフライも食べられて、なんとシアワセなんだろうと思いつつ、ご飯を食べたのであった。

　ちなみに、この店はやはりかつてはお寿司屋さんだったそうです。そのこともあってか、魚系メニューが充実しているのだろう。

（2012年2月19日）

＊追記　2012年6月現在、値段の変更はないそうです。記事の効果が結構あったそうです。よかったです。ちなみにかきフライはだいたい12月から3月くらいの間は食べられます。

★御食事処　寿司金（すしきん）
横須賀市大滝町2－4
☎046(822)2964
日曜休み。京急線横須賀中央駅から徒歩5分。

146

海を見ながら ホテルの朝食 ご飯をガガ

ホテル京急油壺観潮荘

たまには子どもと三浦半島にある油壺マリンパークに行こうと思い（運転は妻）、隣接するホテル京急油壺観潮荘に泊まった。私の泊まったときはマリンパークのチケットが付いて、1泊2食で1人８８００円だった（一つの目安です）。安いと思ったが、これが実にヨカッタ。海がドーンと見える露天風呂、海の見える和室、そしておいしいマグロの刺し身ほかいろいろ付いた夕食と、ステキなことばかり。神奈川県にこんな良い所があったんだなあと思って、食後に部屋でビールを飲んでシアワセにグーグー寝た。

朝、夜明けとともに再び露天風呂に入り、フヤケタ状態で朝食を食べにレストランに。「潮彩」という名前のレストランで、やはりここでも海を見つつ食べる。着席すると、実にカッコいい朝食だということがわかる。まさに定食オブ定食という

ご飯を食べすぎてしまう！

スタイルですね。ここではシーサイドらしく、まず蟹の味噌汁が小鍋仕立てで付いている。最初にフタをあけて器に取って飲む。うーむ、蟹のいいダシが効いていておいしいですねえ。

続けてご飯を食べよう。それにしてもおかずがいっぱいあってうれしすぎる。鮭の塩焼き、かまぼこ、大根のサラダ、しらすおろし、お漬物（たくあん&さくら大根&梅干し）、焼き海苔、デザートのグレープフルーツまで付いているよ。そして、このホテルらしい最大のポイントがマグロの佃煮とマグロのたたきなのだ。まずはマグロの佃煮を。こりゃ甘辛くておいしいね。毎日おかずとして食べたい気持ちですね。続

けてマグロのたたきに移行。海苔の入っていた器に醤油を入れて、ワサビを少し溶いて、マグロにつけてご飯とともに食べる。まあ、なんと脂がのっていてバツグンにおいしいマグロのたたきだろうか！　おかず力爆発で、もう止まりませんなと思ってご飯をガガガと食べ始めたのであった。

　結局、しらすおろしと鮭もおいしかったので、朝からご飯を4杯も食べてしまい、食後に出掛けたマリンパークで少々苦しい状況になってしまったのであった。（2012年3月4日）

＊追記　2012年6月現在、値段の変更はないそうです。この旅行は私的にはかなり良かった〜。また行きたい！

★ホテル京急油壺観潮荘
三浦市三崎町小網代1152
☎046(881)5211
京急線三崎口駅から「油壺」行きバスで終点下車、徒歩5分。

いて有隣堂で雑誌と文庫でも買って、
コーヒーでも飲もうか…。

…とまあ、こんな土曜の午後はいかがだろうか。実は神奈川には、野毛、イセザキのようにふらふらするのも楽しいし、おいしい定食を食べられる店があるような街が豊富にある。野毛、イセザキ以外に私の好きなそんな街をいくつか挙げると、茅ケ崎、藤沢、大船、横須賀中央、逗子、弘明寺、白楽、綱島、元住吉、登戸、川崎といったところか。大きなターミナル駅もあれば、私鉄の駅もある。これらの街には「良い」定食屋、洋食屋、中華料理店などがある。ここで「良い」店とは、何も特別贅沢ではない、値段は大体1000円以内で、間違いなく日常の延長なのだけれど、普通においしくて、誠実な味で、居心地がよくて、食べた後に元気になるような店のことだ。さらにその店の周りは、良い本やDVDが買えるお店があったり、落ち着く喫茶店があったり、はたまたあんこをサービスしてくれる鯛焼き屋があったりと街自体も「おいしい」のだ。私はあまり酒を飲まないけれど、それらの街は飲んでもステキな店が多い(定食屋で飲んでもいいしね)。

そういう意味で、神奈川は間違いなくとても豊かなところだ。そんな神奈川を私はとても愛している。これからもずっとこの神奈川で定食を食べ、街をフラつき続けるだろう。

『ベストパートナー』(浜銀総合研究所) 2012年7月号に掲載

column 3　土曜日の定食

土曜日の昼下がり。家族は用事があって出掛けてしまった。自宅に残されたお父さんはどうするか。天気もいい。そうだ、久々に野毛とイセザキにでも行ってみようとお父さんは電車に乗る。JR根岸線を桜木町駅で降りる。みなとみらいではなくて右側に向かう。東横線の桜木町駅の跡を横目で見て、「ちょっと前までは東横線で来れたな」と思いつつ、道路を渡って野毛に入る。さて昼ごはんを食べよう。どこで食べようかとちょっと考える。

「萬里」で焼き餃子とビールもいいな、それとも「第一亭」に行ってホルモンの定食を食べようか、さもなくば「かつ半」でカツ丼もステキだと思うが、今日はなんだか洋食気分だったので、センターグリルに行こう。この店は２階が主に客席なのでトントントンと階段を上がって、空いていた窓際のテーブルに座る。何を食べようかととりあえずメニューは見るが、階段を上がっている最中に、脳内で食べたいものは決定していた。スパゲティランチを注文。750円。机の上にあるコップにポットからコポコポと温かい麦茶を注いでそれを飲みつつしばし待つのがここの流れ。かくしてスパゲティランチ登場。これはナポリタンとチキンカツとサラダとポーションされたライスが銀色の皿に載っているボリュームある食べ物。まず、ナポリタンから食べよう。これが太麺のケチャップ味で今風のパスタではなく、脳髄にズドンとくる昭和の味。たまらんなあと思いつつ、続いてチキンカツにドボドボとウスターソースをかけてご飯と一緒に食べよう。…食べ終わったら、イセザキまでふらふら歩

147 米パラリとしっとり感の 絶妙チャーハン

好々亭

日曜だが、用事があって中山駅に来た。以前、十日市場に住んでいたときによく訪れたものだ（隣の駅なのだ）。中山駅に来たら、ぜひとも食べていきたい中華料理店が南口そばの〈好々亭《こうこうてい》〉。ここは巨大な「焼ソバ（カタヤキ）」が有名だが、それ以外もハゲシクうまいのだ。さて、13時過ぎに店内に入ると相変わらずの混雑ぶり。家族連れ、アニキ、カップルなど多彩な客層で、みんなおいしそうにもりもり食べている。幸い、店の奥の方のテーブルが空いたので着席。「焼ソバ（カタヤキ）」を食べたいところだが、今日はそこまで勝負できるおなかのすき方ではないので、チャーハンにしようと注文。８５０円。ちょっと高いなと思ったそこのアナタ、この店のチャーハンはそれだけの価値があるのですよ。ふふふ。

水を飲みつつしばし待つ。ちょうど、カウンターの奥で、マスターが忙しく調理

あっさりした大根の漬物がとてもうれしい

している姿が見えるね。そんな勇姿をぼんやりと見ていると、チャーハン登場。大根の漬物、スープも付いていて、定食的な風貌だよ。この漬物が付くところが、心遣いとしてとてもうれしいですね。

まずはスープからいってみよう。ネギの浮いた正統な中華スープだが、ずっと飲み続けていたいほどの滋養のあるスープ。うまいなあ。しかし、いったん中断してメインのチャーハンに移行する。このチャーハンは、上に海老が2匹載り、イカも中に入っているので、ほとんど五目チャーハンか、海鮮チャーハンと言っても過言ではない。さあ食べるぞ。

相変わらず、米パラリとしっとり感が絶

妙のバランスだ！　味付けもやや濃いめで、まさに魂を揺さぶるおいしさ。中の具も、前述した海老とイカに加えて、チャーシュー、ネギ、ナルト、グリーンピースが入り、それらの歯応えも楽しく、レンゲをハゲシク動かしてゴンゴンゴンと食べ続けたのであった。ああ、シアワセ。かくして完食し、店を後にする。よし、近々「焼ソバ（カタヤキ）」に挑戦だと心の中で誓いつつ、横浜線に乗ったのであった。（２０１２年３月18日）

＊追記　２０１２年６月現在、値段の変更はないそうです。焼キソバ（カタヤキ）もどうぞ。

★好々亭（こうこうてい）
横浜市緑区中山町221－2
ル・チードビル１階
☎045(931)1078
水曜休み。ＪＲ横浜線中山駅から徒歩２分。

148

トルコライス

レストランアベニュー（番外・東京編）

蒲田の地で新たな進化

「トルコライスはどうなりました？」と本連載の読者なのか、時折聞かれる。いやはや、ちゃんと調査を続行していますよ（笑）。ということで、蒲田のビスタホテルにトルコライスがあると聞いたので調査に行くことにした。「ケチャップライスのなかにカツが入る『京浜型トルコ』だとうれしいなあ」と思いつつ訪問。蒲田は多摩川をはさんですぐに川崎（神奈川）だしね。

さて、平日の13時に入店すると、ちょうどサラリーマンが去った後のゆったりした午後の時間。いくつかあるランチの中にトルコライスがある。１０００円。長崎ご当地グルメとの案内もあったので、京浜型ではないもよう。ちょっと残念だったが注文しよう。フリーのスープとドリンクが付いているので、まずはアイスコーヒーを飲みつつしばし待つ。かくしてトルコライス登場。やはり、スパゲティ、ピラフ、

食後はドリンクでゆっくりできますぜ

サラダがワンプレートに載った長崎型だが、トンカツの代わりにここはステーキが載っているよ！　こりゃ豪華だ。

ではスープから。正統なコンソメスープで誠実においしい。続けてトルコライスに。まずはピラフを。ニンジン、ベーコンなどの入ったしっかりしたピラフ。いいね。続けてステーキ。上にはアサツキとステーキソースがかかっている。これはナイフが必要だな。切って食べるとミディアムレアの絶妙な焼き具合。たまらんな。いやあ贅沢だ。そしてスパに。これはソーセージ、キノコなどの和風なスパ。さっぱりしているな。それぞれが普通においしいので、全部合わさるとものすごくうまくなるのだった。

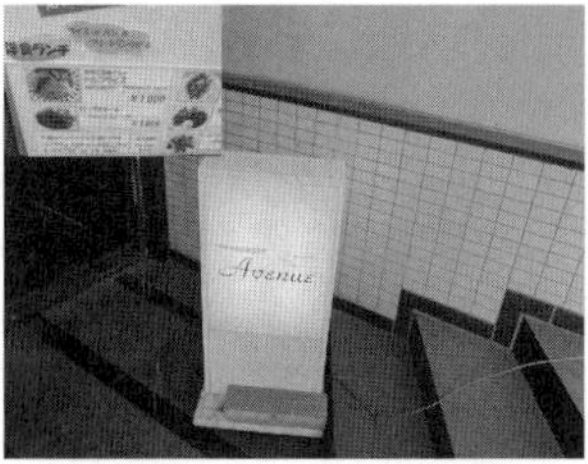

かくして満足のうちに完食。食後に店で伺ったら、この店のシェフが昔長崎に旅行に行ってトルコライスを知り、他の店で供していたが、この店に来ても出すようになったとのこと。なるほど。ちなみに、上に載るものはステーキだけでなく、あるときはかきフライ、またあるときは白身魚のフライ、さらにあるときはチキンソテーと、さまざまに変化するらしい。つまり、長崎から来たこのトルコライスは蒲田の地で新たな進化を遂げていたわけであった。（2012年4月1日）

＊追記　2012年6月現在、値段の変更はないそうです。いろいろ反響もあったそうです。今度は別のトッピングのときに行ってみよう。

★レストランアベニュー
東京都大田区西蒲田８－20－11 ビスタホテル蒲田１階
☎03(5703)2771
ＪＲ京浜東北線蒲田駅西口から徒歩５分。ランチは平日のみ。

149

茅ケ崎で焼き豚と麦とろコンビ

大麦食堂　茅ケ崎でん

茅ケ崎に来た。ここに来ると機械式饅頭の「すずや」の都まんじゅうだろうと思って、北口を出てすずやを目指す。10個400円の都まんじゅうを買った後に、ふと右を見ると、〈でん〉という店が。あっ、ここは麦がテーマの店だ。一度食べてみたかったのだ。ちょうど昼なので寄っていこう。店の前で確認するとランチメニューがある。土曜なのにエライな。メニューの中から、焼き豚麦とろ定食700円にしようと思い入店。

手前のカウンターに座ると、店の人が上着を預かってくれる。早速定食を注文すると、するりとポットでお茶が出てくる。なおかつ麦香茶《ばっこうちゃ》という麦のコーヒーのような飲み物も店の片隅に置かれていて自由に飲んでいいそうだ。ズイブンとサービスがいいなと思いつつ、ポットからコポコポとお茶を汲んで温かくて香ばしい麦茶

ぜひ都まんじゅうも帰りにどうぞ。定食は半熟の玉子もうれしかった

を飲む。店内にはダーツなどもあり、なんともオシャレな感じだなと思いつつ、ぼんやりしていると定食登場。

　おおカッコいい。麦飯、トロロ、焼き豚、黄身が半熟のゆで卵、サラダ、お新香（さくら大根）、味噌汁の豪華さ。まずは味噌汁から。具はネギだけだがしみじみおいしい。続けてメインのトロロを食べるか焼き豚にすべきかという運営計画上の問題にぶちあたる。考えたあげくに、やはり肉の魅力に負けた。焼き豚を食べると、これがとてもこんがり焼けていて、麦飯がガッチリと受け止めてくれている感じだ。双方ガシガシ噛みしめるとうまさがにじみ出てくる。麦飯って噛みしめるおいしさだな。昔、学校給食で出てわりと好きだったことを思い出した。

　それにしても焼き豚のタレの塩梅もバッチリで素晴らしい。肉の量も多いので麦飯はどんどん減っていく。うーむ、トロロもたっぷりあるしなと悩む。まあでも、この店はご飯のお代わりができるので、やはりカウンター内のお兄さんに「すみません、半分ください！」と半ライスをもらい、後半のトロロ戦に備えたのであった。追記…トロロも食後にいただいた麦香茶も最高でした。（2012年4月15日）

＊追記　2012年6月現在、値段の変更はないそうです。麦香茶もおいしい！

★大麦食堂　茅ケ崎でん
茅ケ崎市元町４－７
☎0467(86)0007
火曜休み。ＪＲ茅ケ崎駅から徒歩３分。

150

レストラン サン・ロード
洋食バンザイ

菊名の幸せ おかず力爆発

本連載もいよいよ150回。記念の店ということで、今回は思い出の〈サン・ロード〉に行こう。大学卒業後、オフィスの先輩に教えてもらった店だ。個人的には菊名で乗り換えることが多いので、素早くおいしいものを食べられる貴重かつシアワセなお店なのだ。久々に14時過ぎに訪れる。よし、まだランチをやっているね。2種類の中から、今日はボロニアハンバーグにしよう。850円。

この店ではアミヤキステーキ、バターライス、そしてナポリタンが特に好きだ。記念なので、アミヤキステーキにしようかとも思ったが、ランチタイムは店に従うのが私の〝定食道〟。店内に入るといつものようにオールディーズのBGMがかかり、テーブルには赤と白のクロスがかかっている。自分の家のようにくつろぐことができるね。

長年食べていると、後で食べるパスタが一番楽しみになってきた

手前のテーブルに座り、注文してしばし待つと、ジュージューと音を立てつつ、鉄板に載ったハンバーグと、サラダ、ライスが登場。まずは味噌汁代わりに水を一口飲んでハンバーグにナイフを入れるととても柔らかいな。ハンバーグの上に載っているチーズがトロリと溶けて糸をひく。食べると肉々しさとチーズの濃厚さ、そしてわりとあっさりしているソースが融合してものすごいおかず力に。うまい！…と、猛然とご飯を食べる。

途中でサラダもいただこう。これは千切りキャベツなどにドレッシングがかかったもので、食べていると「おお、栄養のバランスがいいな」と思う。再びハンバーグに

戻りつつポテトも食べる。かくしてハンバーグとライスを食べ終えると、鉄板の上にはパスタと、ハンバーグの下に敷いてあった玉ねぎ、そしてソースが残っている。これを絡めて食べると、肉汁をたっぷり吸ったソースと玉ねぎの甘さ、そして少しだけ残っていたチーズが鉄板の上でカリカリとなっていて、それがすべてあわさってものすごいおいしさとなっている。ああ満足。「ぜひとも死ぬまでこのサン・ロードで洋食を食べ続けたいものだ」と思いつつ、コシのある細いパスタを食べたのであった。（２０１２年４月29日）

＊追記　２０１２年６月現在、値段の変更はないそうです。私の原点的な店なので紹介できてうれしいです。

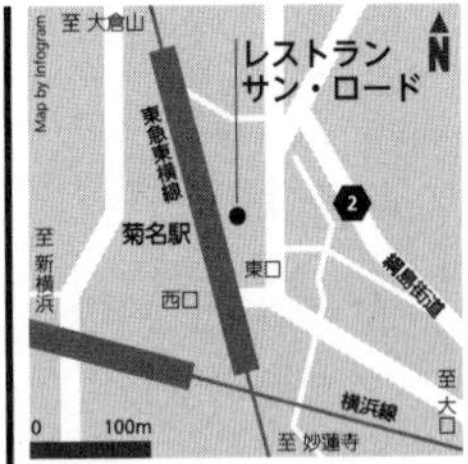

★レストラン　サン・ロード
横浜市港北区菊名６－１－10
☎045(431)2576
火曜と第３水曜休み。ＪＲ横浜線または東急東横線菊名駅すぐ。

番外編　特別座談会

「豊かな食文化」をテーマに縦横無尽に対談する（左から）浜田信郎さん、山本謙治さん、今柊二さん＝丸亀食堂

特別座談会① 丸亀食堂にて

テーマ「豊かな食文化」

■2010年12月19日付神奈川新聞掲載

今年も〝食〟を語り合ってきました。本紙連載「かながわ定食紀行」の年末恒例、「特別座談会」をお届けします。旺盛な好奇心で定食を探求している**今柊二**さんは、第5回目のゲストとして、居酒屋研究家・**浜田信郎**さんと食生活ジャーナリスト・**山本謙治**さんを招待。くしくも愛媛県出身の3人は、「豊かな食文化」をテーマに、懐かしい故郷の思い出や食への熱い思い、好きな飲食店まで、ビール片手にワイワイガヤガヤ。充実した時間になりました。会場は、京急・南太田駅前の「丸亀食堂」。

いい店は風呂と同じ

今　本日はどうもありがとうございます。なんだか、単なる飲み会になりそう（笑）。年末恒例で座談会をやらせていただいていて。今回の裏テーマは、愛媛です。

山本　浜田さんも愛媛？

浜田　そうなんです。

今　食の世界で活躍するのが同じ愛媛出身で不思議だなと思って。どうして食に興味をもたれたのかお話いただければ。

浜田　入社してすぐに配属になったのが、今いる県の造船所でした。みんなバスで帰るんですが、乗り換えポイントに酒屋があって、片隅で飲めたんです。みんなバスから降りると吸い込まれるように酒屋に入って、200円ぐらい握ってパン！　と出すとポンポン！と酒が出てきて、それをクーッと何秒かで飲む。当時は新入社員で、うまいんだろうなあと思いながら怖くて入れなかったんです。それで居酒屋に興味が。

今　で、こちらにいらっしゃって東京の店も。

浜田　よく行きました。でも、記録に残そうという感じではなかった。1999年ごろに、『3年後をめどに工場を横浜に移す』ということが決まったんです。家も横浜に移るなと。そこで東京の名酒場と呼ばれる所に行っておこうと回り始め、今後の自分のために残そうかな、ぐらいの感じでホームページに書き始め。3年も回るうちにすっかり酒場を巡ったり味に出合ったりするのが好きになってきて、3年の期限付きのはずが、ずうっと続いている感じですね。

今　ぼくも同じで、最初は食に興味があったんですが、行ってるうちに店の成り立ちとか店の周りが面白くなってきて。居酒屋と同じ

浜田 信郎さん

ですよね。どんなおばちゃんがいるかとか。

浜田　ほんと同じですね。最初は、これが東京の老舗酒場かあと思いながら飲んでたんですが、街が凝縮されている感じ、何十年も前から飲んべえが過ごしてきたんだろうなという感じ、雰囲気が好きですね。温泉に入っているのと似てるでしょうか。ワイワイとしている中でぼおっと飲んでるのが好きなんです。

今　そうそう、良い大衆食堂は、お風呂に入ってるのと同じ。定食紀行の一回目は観音食堂だったんですが、お風呂のような感じで。おじいさんが昼酒を飲んでいて、すごい幸せな。

浜田　そうですねえ。そういえば酒場なんかも、開店直後には近所のおじいちゃんたちがワーッとやって来るんです。銭湯の一番風呂を目指してやって来るのと、まるで同じような感じがありますね。

日本の食を守りたい

今　山本さんが食に興味を持たれたのは、子どものときとか。

山本　ぼくは（愛媛県）今治の産婦人科で生まれ落ちただけで、あとは埼玉の実家で育ったんです。ただ、お袋が今治のジャコでだしをとるという文化で飯を作っていて関西風、関東風の味付けのどっちもいける。自由の森学園に入ったとき、食堂が完全自然食主義だったんですね。無添加の調味料とか減農薬の野菜、米、無投薬の豚肉で４００円ぐらいで定食をやってたんです。今から考えるとハイレベルで、その辺のオーガニックカフェは太刀打ちできない内容。そういう所で育ったこともあり、おれの人生は食べ物の関係だと。当時は、農家になろうと思っていたんです。大学では自分で畑を作るサークルを始めて。

浜田　そんな学生もいるんだあ。

山本　いまだに（サークルは）あるんですよ。卒業して野村総合研究所に入り、初めは農業関係の仕事はできなかったんですが、そのうちできるようになって。でも、どうしても青果物の流通をやりたくなって、ベンチャーでネット上での農産物の卸売りの仕組みを作ったり、大手スーパーの野菜のプライベート商品のプランニングを任されたり。ぼくは、産地のほうで地方の食を探訪していて、東京では、定点観測的に好きな店しか行きません。産地で農家に入り込み、郷土食を見て回ることをなりわいにしている感じですね。日本にはこれだけすごい食があり、守らなければならないという意識がある。地方の消えてしまうかもしれない食をレポートするのが食い倒れ日記のスタンスです。

今　食を多面的に見ようとしているのをすごく感じますね。食べる背景にこれだけのものがあるのか、と勉強になります。

山本　一般の人はヒジキがどう採られてるのか、マグロがどう獲られてるのか分からないじゃないですか。そこはちゃんとストーリーがあって、良い悪いが存在するんですよね。でもみんな良い悪い関係なく安い物を買ったりする。そうじゃないんだ、というのを伝えたいですね。

今　牛も飼ってるんですね。

山本　短角和牛を預けています。今3頭いますね。毎年ちゃんとと畜して、自分で肉を飲食店とか消費者に売る。牛肉というとトレーに入った製品として見られますが、ぼくは牛の肉って言っているんです。「牛の肉」だと牛の顔が想起されます。命がつながってここにきてると想起させるような試みをやっていけたらな、と思っていまして。

横浜は来る者拒まず

今　（山本さんは）地方の食文化を報告してくれるので、すごくいいですね。

山本　基本スタンスは単なる食いしん坊です。グルメではないですので。

今　四国もよくなさってますね。私の父方の実家が内子（愛媛県内子町）なんで、お書きになってる所の写真が見たことがある風景で。浜田さんは北条（愛媛県の旧北条市＝現松山市）出身ですね。九州の大学に行かれたんですよね。

浜田　九州大学の造船学科です。商船大学にも引かれたんですが、造る方を選びました。

今　船がお好きで？

浜田　中学校のころにサンフラワーっていう船が近所で造られていて、それまで鉄板の色だったのに、ある日真っ白い船体に太陽のマークがついて、すごいなあと。造船所が多かったので、割と普通に船を造っている所を見ていたんです。

今　ぼくも今治が造船の街なので、船を見ていたから親近感がある。

山本　フェリーに乗らなければ、内地に行けなかったですからね。

今　フェリーで食べるうどんが、通過儀礼。

全員　そうそう！（笑）

浜田　うちのかみさんが呉の人なんですよ。

一緒に松山に渡っても、ぼく必ずうどん食べるんだけど、彼女はいいって。「ええ？　フェリーの中ではうどん食べなきゃ！」と。

山本　奥さん、それはいけない。（笑）

今　しかし、九大に入るって珍しいですよね。みんな東向いてるから。ぼくは、心理学をやりたかったので横国にしたという。横浜が面白かったのは、いろんな人を受け入れてくれる土壌がすごいあって、来る者拒まないんですよね。

山本　横浜は不思議な所ですよ。東京と明らかに違う。（横浜市港北区の）日吉在住で会社がお茶の水のビルに配置転換されて、全然違うもんだと感じました。横浜の人は品格を備えているような気がする。

今　バタバタしない。

浜田　本当に都会なのかもしれないですね。東京は日本中から集まっている。横浜は冷たい感じもあるし、誰が来ても別に拒まない感じ。非常に面白いですね。東京の酒場とは違う。

今　第一亭、お好きですね。

浜田　昨日も。（笑）

今　あそこもおかみさんたちがいいんですよ。店がおいしいですよね。浜田さんが書かれていたメニューが３つしかない店、憧れました。

浜田　武蔵屋ですね。大正８（１９１９）年創業の野毛の酒場です。つまみは年中決まっ

今　柊二さん

た5品が出され、酒は3杯まで。
山本　様式美ですね。
浜田　県知事が来ても、社長が来ても皆、変わらないんですよ。
今　いい店って有名人がきても差別しない。それが最高なんですよ。

「攻めたい」店ばかり

浜田　横浜は、洋風の定食屋がきわめて普通にありますね。
今　そうなんです、すごく敷居が低い。これは、横浜にいないとわからないです。センターグリルみたいな店、他にないもん。
浜田　洋食が大衆食堂風なんです。スーッと普段着で行ける。バーもそうです。バーでみんな普通にワイワイ飲んでるけど、この店が東京にあったらオーセンティックとあがめたてまつられるだろうな、と。でも横浜では、普段着のまま普通にカクテルを楽しんだりする。この感じは横浜にしかないと思います。横浜は外から来た文化を日常に取り入れてますよね。
山本　東京で老舗の定食屋は意味もなくオムライス1580円という高さですからね。かたやサンロードですよ、（港北区）菊名の。ステーキ定食とかスパゲティが最高にうまくて安い！
今　あそこは、以前イタリアンキッチンという店がイセザキにあって、どうやらそこで修業なさった方が開かれた店とのことです。もう一つ同じ味なのがイタリーノで、ナポリタンが全く同じ味。横浜にはイタリアンキッチン系と（ニューグランド初代料理長の）サリーワイル系と2つの洋食の流れがあるようです。
山本　戻って攻めたい店ばかりですねえ。
今　根岸家という有名な居酒屋があったのを

ご存じですか？　横浜的な店で、やくざも警察官も一流商社マンも、みんないる店。居酒屋であり食堂であり、さらにステージもあったんですよ。多分、浜田さんの心をくすぐりますよ。

浜田　無くなっているのが悲しいですよねえ。

今　米軍がいる所ってそういう文化がありますよね。恵比寿も実はそうなんです。イギリス連邦の駐留地があって、外国人文化が栄えた。広島に、高森直史さんという軍人食の研究やってる方がいて、その人に会いに行きたいんです。横須賀では戦前の洋食文化があまり残っていないんですが、広島、特に呉は残ってる。東京の人形町にもあるのに。それがなぜか知りたくて。あと肉じゃが論争もありますね。舞鶴（京都府）と呉でしたっけ？

浜田　明治時代に軍艦の中で作られたようです。軍艦は舞鶴にも呉にも入るから両方に伝わったんでしょうね。

今　レバカツは明治のレシピなんで古い洋食屋は絶対、レバーフライがあるんです。阪東橋のコトブキにもレバーフライがあって、日本橋のたいめいけんのレバーフライは最高にうまい。

浜田　センターグリルもレバーベーコンとかありますよね。

今　呉でレバー系が残ってるかも調べたいんです。

山本 謙治さん

山本　藤沢の周辺はおもしろい所はないんですか？

今　湘南高校の前の上州屋という定食屋があって、まさに「深夜食堂」なんですよ。夕方6時から開くの。相鉄沿線にもありましたよ、深夜食堂。夜しかやってないんですよね。ものすごく不思議な店で、取材の許可をいただけない可能性も高いので、まして夜行かなければならないので、帰れなくなるんですよ。朝までやっていて、曇りガラスなので中が全く見えない。最後の挑戦かなって。

◇

浜田信郎（はまだ・しんろう）さん■居酒屋研究家。1959年生まれ。会社勤めの傍ら大衆酒場をめぐりブログ「居酒屋礼賛」に記録。2001年10月から8年半、横浜市内の造船所に勤務、市内で飲み歩く。著書に「東京飲み歩き手帳」（ぴあ）、「もつマニア」（メディアパル）、「ひとり呑み」（WAVE出版）など。

山本謙治（やまもと・けんじ）さん■農産物流通コンサルタント&食生活ジャーナリスト。1971年生まれ。慶応大学の藤沢キャンパスに畑を拓いて以来、農の支援をなりわいに。青果物・畜産物の商品開発や販売支援が専門。著書「日本の食は安すぎる」（講談社）。ブログはやまけんの出張食い倒れ日記。
（http://www.yamaken.org/）

丸亀食堂のみなさんと山本謙治さん（左端）、今柊二さん（右から２番目）、浜田信郎さん（右端）で、店の前でパチリ。３人は「いい食堂だ！」と絶賛＝横浜市南区南太田１丁目

「大人のおやつ」について語り合う（左から）宇佐神茂さん、今柊二さん、藤田実子さん、田沢竜次さん。この日のメニューはドリア、ナポリタン、プリンアラモード＝ホテルニューグランド「ザ・カフェ」

特別座談会②　ホテルニューグランドにて

テーマ「大人のおやつ」

■２０１１年12月18日付神奈川新聞掲載

日曜連載「かながわ定食紀行」の年末恒例、「特別座談会」をお届けします。６回目を迎えた今年のお題は「大人のおやつ」。旺盛な好奇心で定食を探求している**今柊二**さんが招いたゲストは、「おやじのおやつ」の著作もある**田沢竜次**さん、本紙ゆとり面連載「思い立ったら、パン日和」の筆者・**藤田実子**さん、そして会場となったホテルニューグランド（横浜市中区）の総料理長・**宇佐神茂**さん。スイーツへの熱く甘い思いを披露しあい、カスタードクリームへの愛から、日本のパン屋さんの宿命まで、話は縦横無尽。さて、何が飛び出すか―。

ブーム支えるインフラ

今　今回、田沢さんをお呼びしたのは、お書きになったB級グルメの本に、ものすごく影響を受けたからです。本は25年間、〝家宝〟でして。田沢さんは「B級グルメ」という言葉の提唱者の一人。本をお書きになったきっかけは。

田沢　実は、主婦と生活社から出ていた「月刊ａｎｇｌｅ」という雑誌の校閲スタッフでした。B級グルメ的なマップを作るような雑誌で、その読者コーナーで、以前掲載された店への文句を、編集者と相談しながら言いたい放題に書いた。そしたら編集長が、読者からデビューしたということでコラムをやろうと。それで1983年から「東京グルメ通信」という連載を始め、そのエッセンスを入れて本にしました。

今　長年続けてらっしゃるこつは。

田沢　大食いとかラーメンチャンピオンとか、最近やたらとはやっていますが、あれは違う世界。日常の延長みたいなものですから、何でもいいんです。例えば立ち食いそば。格安チェーン店が一気に80年代に広がっていったり、いろいろ面白い。

今　それは製麺と結構、関係するんです。製麺技術が発達し、ほぼ同時に電車の乗り入れがあり。日比谷線と東武線・東急線、京成線・京急線と都営浅草線という乗り入れのタイミングと、そばが広く多く作れるようになった技術が一致してスタンドそばの文化ができ、ワアッと広がって。インフラなしに、ブームは広がらないんですね。

宇佐神　スパゲティも一緒ですね。昭和30年代にイタリアからパスタ製造器が導入されてスパゲティが一般家庭に広まりました。

田沢　スパゲティ専門店というのが70年代ぐらいから、渋谷の「壁の穴」をはじめとして流行するようになり、80年代ぐらいにはめんたいことかカルボナーラとか、しゃれたのがいっぱい出てきた。一方で最近は、ナポリタン回帰かナポリタン専門店が出たり、ミートソースを再評価するようになったり、面白いですよね。

今　ナポリタンは、ここ（ホテルニューグランド）が発祥なんですよね。

宇佐神　進駐軍に接収されたころ、米軍が持ち込んだものにスパゲティがあって、それを将校たちが軽食として食べていたんですね。当時はケチャップだけであえていたのですが、接収解除後に再出発したニューグランドの目玉にしようとトマトソースに具材を入れて作って、その後、全国的に広がった。

藤田　アメリカ人はケチャップだけ使っていたんですか？

田沢　竜次さん

今　当時の記録では、米兵は随分乱暴で、スパゲティにケチャップをかけていたのを第2代総料理長の入江茂忠さんが見かねて、具を加えてトマトソースであえたと。

シベリアは洋駄菓子？

藤田　これだけ時代が進んでも、ハイカラな横浜でも、パン屋さんではバゲットがなかなか売れない店も多いとか。フランス仕込みで修業して、ハード系のパンを家庭の食事の横に添える文化を広めたいと意気込んでも、売れない。お総菜パンや菓子パンを充実させ、新商品も随時投入して、選べる楽しみを提供するのが日本のパン屋さんの姿というのは、変わらないみたい。

今　そうですね。ポンパドウルでは、フランスパンがあまり売れないから生クリーム入りバターを塗ると、客が興味を持ったとか。

藤田　焼きそばパンとか、カロリー的にちょっと恐ろしい感じがするので苦手なんですが、男性はすごく好きですね。

今　その話なら、田沢さん。総菜パンを研究なさっていて、（カステラ菓子の）シベリアの研究もすごい。

藤田　昔は、窯でまきをくべて焼いていたので、閉店しても窯が熱い。もったいないから余熱で焼いて、シベリアを作ったと伺いました。

田沢　いろんな説がありますね。シベリア鉄道の列車がようかん、周りの原野がカステラとか。よく分からない。昭和初期ぐらいから、ミルクホールで大衆的な洋菓子として定着して、戦後は時代に合わないとだんだん減るんですね。それが80年代ぐらいからレトロブームでもともとやっていたベーカリーに加え、大手パンメーカーも出したり。パン屋に売っている洋菓子で、ちょっと駄菓子っぽいという不思議な存在。

宇佐神　茂さん

宇佐神　意外と牛乳に合うんですよね、あれ。朝急いでるときは、あれと牛乳で。

田沢　先ほどの調理パン。中学、高校のころはお弁当か、パン屋さんで買うか。少ないお金でおなかいっぱい食べるには、焼きそばパンとかコロッケパンとか、もこもこしたパンで満腹にしてしまおうと。その記憶がずっと残ってます。

藤田　私がだめになったのは、高校の購買部のパンがおいしくなかった。でも取材で食べた手作りのものは、おいしいなあと。パンも小さめで。

田沢　コッペパンもリバイバルで出ているのは、昔と違う。ソフトでこぢんまり。給食では揚げパンといって、砂糖をまぶしたのが一番のごちそうで。

藤田　保土ケ谷にも揚げパン専門店があります。4年ぐらい前にできています。目の前で揚げて、学生が買う光景が今もまた。

今　長く見てると栄枯盛衰がありますよね。

クリームとアイス今昔

田沢　パンといえば、10年ぐらい前にメロンパンが爆発的にブームになったり、時々カレーパンのブーム、あんパンのブーム…。個人的には、グローブ形のクリームパンが大好き。病みつきになると止まらない。

藤田　クリームパンは、目玉商品として客を呼べる存在のようです。お店ごとにカスタードをかためとかとろとろとか、工夫していらっしゃいます。

今　ぼくそれ、ロールケーキからきていると思うんです。それでクリームのおいしさに気付いた。

田沢　カスタードが一番、偉大な感じがする。昔は生クリームが格上で、バタークリームとカスタードが格下と思っていた。昔(60年代)はほとんど、ケーキはバタークリームでしたね。

藤田　70年代はウエディングケーキもバタークリームでしたね。私も今でも好きです。鎌倉に、すごく人気のバタークリームのロールケーキがありますよ。

宇佐神　うちは多くのケーキにバタークリームを使っています。でも洋食では、生クリーム、バター、カスタードのどれが上ということはない。好みですから。

今　柊二さん

田沢　いっとき不二家のイチゴショートが大ブームになって、あれはみんな生クリームで。それまでバタークリームが主流でしたから、衝撃的でした。

藤田　イチゴショートは、今でもみなさんお好きですね。年配の男性でも。

田沢　どこかで体験したんですよね。あ、このイチゴショートケーキが忘れられないと。

藤田　ここのプリンもバニラアイスも、昔食べたのと変わらない味ですね。この味は永遠に継承してほしいですね。

宇佐神　我々は「進駐軍文化」と言ってるんですが、将校夫人が非常にアイスクリームが好きで、プリンも好きで両方一緒に食べたいと、プリンアラモードというデザートが生まれたんです。

田沢　非日常。日曜日にお出掛けして洋食を食べた後にデザート、この感じがね。フルーツポンチとかにも共通する。

今　ファミレスは各店舗で調理はあまりしなくなっているんですが、最後までそこで作るのがパフェとかプリンアラモード。手間がかかるので外したいんだけど、売れるから外せないという。田沢さんは、渋谷の西村フルーツパーラーに行かれていたそうですが？

田沢　子どものころは年に何度か家族で。普段は近所の駄菓子屋という世界なので、そういうときだけ。プリンは、日常的には今みたいにあまりないですからね。それからアイスクリームといっても、棒の10円アイス。レディーボーデンやハーゲンダッツが出て変わっていくんですが、家庭と日常は棒のアイスという感じですよね。

ハードボイルドに食す

今　最近思ってるのは、甘味喫茶の居心地の良さ。あんみつとかぜんざいとかは、この年になって価値が分かってきた。

田沢　ぼくは純喫茶ですね。でも男性一人だと甘い物は頼みにくい。カップル、夫婦なら、しょうがないから付き合ってやるか、という顔をできますが男一人、二人で、喫茶店でいきなりチョコパフェは勇気が要る。食べてる姿もさまにならない。これからは喫茶店、ファミレスで男性一人がどんどんパフェものにチャレンジしようと、「おやじのおやつ」という本を書きました。

藤田　若い男性は、ちゅうちょせずに一人で食べに行ったりするんですよね。「スイーツ男子」という言葉もあるぐらい、一人で食べ歩きしてブログやってる人もいたりして、うらやましい時代に。

田沢　飲んだ後のデザートもおいしいんですが、最近は居酒屋のチェーン店でもパフェとかデザートメニューがありますね。

今　あと、空港が結構ポイント。お父さんが出張するでしょ、空港でスイーツが食べやすい状況。新千歳空港ではソフトクリームをおっさんが食べてます。自分の知らない所だから結構食べられるというのがあるんじゃないですか？

田沢　中高年男性のお菓子というと、日常的に話題にしないというのがありますよね。昔の給食の話は好きですが、現在進行中にこんなお菓子がおいしいという話はしない。そういうことができるようになったら楽しくなると思うんですけどね、そっちで通なのは男としていまひとつかっこ悪いという。

藤田　お菓子は人を軽くみせる要素があるのでしょうか。でも、鎌倉のたい焼き屋さんの取材をしたのですが、たい焼きマニアは男性が多いらしく、ブログができたり。男の人たちが割とスイーツの話題を発しやすくなったり、しゃべってもいいんだということは起きてきている気がします。

田沢　隠れスイーツ（ファン）。いっぱいいいたんだって。それでも例えば作家の池波正太郎がぜんざいのことを書くと、そういう店では中高年男性が部下を連れてきている場面にでくわすんです。

今　池波正太郎は、マニュアル化してます。本の通りに歩くおじさんは結構いると思います。

藤田 実子さん

宇佐神　大人のスイーツは、やっぱり和菓子なんですかね。

藤田　洋菓子だと見た目がファンシーですからね。

宇佐神　まんじゅうなら気軽に食べられますから。

田沢　ハードボイルドに決まればいいんですよね。いかに、プリンアラモードをハードボイルドに食べるかと。

藤田　なるほど。男の人はそれくらい構えないといけないんですね。知らなかった。そんなにスイーツを食べるのに苦労していらっしゃるなんて。

◇

宇佐神茂さん（うさがみ・しげる）さん■ホテルニューグランド取締役総料理長。1952年生まれ。73年、ホテルニューグランドに入社し、2007年から現職。07年に全日本司厨士協会アカデミー金賞を受賞したほか、09年に厚生労働大臣表彰も。現在、全日本司厨士協会県本部会長や県調理師連合会常任理事も兼務する。

田沢竜次（たざわ・りゅうじ）さん■B級グルメライター。1953年生まれ。85年、初の単行本「東京グルメ通信」（主婦と生活社）でB級グルメ宣言をしたことで〝元祖〟となり、以降このジャンルを開拓、執筆。著書に「B級グルメ大当りガイド」（ちくま文庫）、「おやじのおやつ」（朝日文庫）など。

藤田実子（ふじた・みこ）さん■フードジャーナリスト。1962年生まれ。食文化と作り手の思いに興味があり、料理、日本酒やワインにまつわる人々を取材、執筆。神奈川新聞では、隔週土曜日に県内のパン店を訪ねる「思い立ったら、パン日和」を、男性誌「GOETHE（ゲーテ）」（幻冬舎）で、レストランガイドの企画も連載中。

あの頃と定食

―巻末に寄せて、2011年3月の日記より―

ご存じのとおり、本書にまとめられている連載が進行中の2011年3月11日に東日本大震災が発生した。多くの人々が大変な目に遭い、2012年9月現在も原発をはじめ、まだ被害・被災からの懸命な回復運動は続いている。

あの時期、他の首都圏の人たちと同様に私も大きな不安に苛まれていたが、「記録しないと」という気持ちが強く働いた。この記録は当時の日記をもとに再編したものだが、読み返してみて、あらためてすでにさまざまなことを「忘れている」ことに愕然とする。やはり苦しいときのことは忘却してしまいたい気持ちが働いているのか。

あの時期は、まさに定食どころではなかった。ただ定食評論家として、日々普通においしい定食を食べに行けることが、いかに幸せなことなのかをひしひしと実感したことは確かだ。その気持ちをこれからもずっと謙虚に覚えているためにも、この記録を掲載することにします。

3月11日(金)　ちょっとした臨時収入があったので、オフィスのみなさんにごちそうをすべく、シンガポールチャーハン（海南鶏飯）を食べに行く。恵比寿の駅から目黒方面の高台にある店。かつて「口伝」だった店だ。鶏肉と炊き込みご飯のセットでタレなどをつけて食べる。なかなかうまくて、ココナッツアイスのデザートも付いて980円。おいしいね、幸せだねと食べてオフィスに戻る。なんだか微妙な薄曇りだな。

オフィスで仕事を再開して15時前だった（14時46分）。

「おっ、地震だ」

「これは大きい」

「あ、大変だ」

「止まらない止まらない」と大きな揺れ。

インターネットを見ると大変な地震になっていることがわかった。

幸い、オフィスは私の机の書類が崩れた程度の被害だが、オフィスの裏手を走っている山手線もすべて止まっている。しばらくするとヘリコプターが飛び始め、オフィスの前の道をどんどん人が歩き始める。夕方になって電車がまったく動かないことが判明。

さすがに恵比寿から町田の自宅まで歩いて帰れないし、間違いなくその選択がかえって危ないことは様々なパニック小説を読んでいて知っていたので、オフィスで夜を明かすことに。気になるのは家族のこと。なかなか携帯と自宅への電話がともにつながらなくて困る。ようやく夜につながる。なんでも停電していたらしい。私の書庫の扉が勝手に開いて本が雪崩を起こし、さらに書庫からはみ出ている本の山がものの見事に崩れたほかは被害はないと。よかった。

20時、オフィスの買い出し部隊が街に出て食料を買ってくる。どうやらコンビニにもモノがなくなりつつあるらしい。ヘンな味のカップラーメンと高いお菓子しか残っていないと。また、帰れない人を見込んで居酒屋が盛んに呼び込みをしているという。

インターネットの情報を見ていると事態の深刻さがひしひしとわかってくる。東北では地震だけでなくスゴい津波がきて、遺体が浮かんでいるとの情報も。原発も止まったようだ。

仕事をしていてもまったく手につかない。昼の大地震以降、相変わらずグラグラと揺れ続けているし。東急線は終夜運転しているらしいので帰れなくはないようだが、やはり夜は危険そうなので始発の時間で帰ることにする。緊張して食欲がないが、買い出しで買ってきてもらったバナナを一本食べる。そして仕方がないので2時くらいに少し寝る。4時過ぎに起きると今度は中越でも大きな地震が。原発も危険な状態で、非常に厳しい気持ちになる。5時になった。意を決して代官山まで歩く。待つことなく電車がやってきて、なんと座席に座れる。菊名からの横浜線はまだ始発に早いし、動くかどうかわからなかったので、自由が丘から大井町線、二子玉川から田園都市線を乗り継いで中央林間に。小田急に乗り換えると、ちょうどキオスクが営業を始めていて、何事もなかったかのように豊富な品ぞろえ。町田について改札を出てもほとんどいつもの土曜の朝という感じ。ものすごく不思議な感じ。

とりあえず、100円ローソンでトイレットペーパーとクラッカーを買って帰宅する。電話で無事と言われていても、家族の顔を見ると安心する。

3月12日（土） パンなどを食べて30分くらい寝て町田駅まで行く。駅前の薬局でイソジンとマスクを買ってきて、自宅に置いて、いまさら耐震の補強道具を1階の家具に装着する。再び町田駅に戻って電車に乗って横浜駅へ。横浜線は動いていたのだ。某所で来客があるのだった。津波警報のためか、地下街に防水シャッターが下りていて、異様な感じ。

そのなかでホワイトデーのセールをやっていてこれまた異様な感じ。そうか、日常のままだと明後日がホワイトデーだ。用事を済ませて、ヨドバシカメラに寄ると電池やラジオなどがものすごい勢いで売れていた。お菓子の太子堂で甘栗、有隣堂で新刊のガンダムのマンガを買ってとりあえず、恵比寿のオフィスに戻る。　オフィスの無事を確認し、用事を済ませて町田に帰る。余震はずっと続いている。夕食はカレー。家族で食べる。なんだかほのぼのうまい。しかし、テレビは原発の1号機が水素爆発したと言っている。

3月13日（日） 妻の実家で『梅の花』の弁当をごちそうになり、ビールを飲む。子どもの誕生日のお祝いなのだった。のどかな日曜日で、昨日までの騒ぎがまるでうそのよう。ただし、テレビは普通のCMがなくなり、公共広告機構のものばかりになっているが。日常と非日常が繰り返されている感じ。

3月14日（月） 朝から電車がまるで動かない。町田は横浜線も小田急もまるでだめ。東急は動いているようなので、最初妻が南町田あたりまで車で送ってくれようとした。ガソリンスタンドがすごい車の列。道路も込んでいるし、今後のことを考えるとガソリンは節約したほうがいいので、町田からバスに乗ることに。ところがここもスゴい行列。ただ、本当にタイミングよく続けてバスがきたので座ってつくし野駅に。その後は割とスムースに代官山に。明日予定していた取材の予定が現状無理なので、変更すべく地下鉄で広尾駅に行く。外国人が結構いて、オープンカフェでお茶を飲んでいる。まだ彼らは避難していないので大丈夫そうだと思う。このあたりの外国人は、大使館も近いので情報に聡いだろうからね。帰り、恵比寿駅そばのファミリーマートに入ると、商品はとても少ないがパンなどはあったので、アップルパイを買う。結局そのパンは17日に食べることになる。この日から、モノがないので見てあればすぐに買っておく癖がつく。

地方から客が来る。来年の仕事の打ち合わせだが、来年どころじゃないよと心のなかで思いつつ、淡々と打ち合わせる。

仕事が終わった後、再度恵比寿駅に。光文社のKさんと新書の打ち合わせ予定だったのだ。なんとKさん、自宅の荻窪から自転車で来たとのこと。いつものカフェがアトレの臨時休業で使えなかったので、神戸屋でコーヒーを飲みつつデータ引き渡し。

原発の3号機、水素爆発していて状況悪くなる。一気に気持ちが暗くなる。雨が降りそうとのことだが降らなかった。放射能に対する防御が現実的になるな。スイス政府が発行していた核戦争時の緊急マニュアル本『民間防衛』が自宅の書庫のどこかにあるはずだが、見つけるのはやはり難しいだろうよ（笑）。

帰る時間は19時過ぎ。とりあえず渋谷まで歩いて、ダイコクドラッグに寄るとイソジンは品切れになっていた（イソジンのヨウ素は放射能には効かないが、その正確な情報が出回るまで時間があり、結構みんな買い込んでいたのだ)。井の頭線、小田急経由で帰る。意外とスムースに帰れる。昨日の残りの「梅の花」の弁当を家で食べる。連載の原稿などを夜書く。しかし気になってニュースばかり見てしまう。また、寝ている家族を見て四国の実家に避難させたほうがいいのかと真剣に悩み始める。さらに寝ている間に大変なことが起きているのではないかととても心配になる。

3月15日（火） 小田急がなんとか動いたので、また下北沢経由で井の頭線で渋谷。そこから歩く。震災のため予定していた仕事ができなくなったので、予定を変更する段取りをオフィスでとる。気持ちのなかでは首都圏から子どもを連れて逃げたいけど、日常の業務をこなさないと行けないというとてもつらい状況。逃げるふんぎりというのはなかなか難しい。

外に食べに行く気力がなかったので、食事代わりに家から持ってきた今治の最中などを食べる。4号機で火災。仕事中もニュースばかり見てしまう。

帰りも渋谷まで歩いて井の頭線、下北沢経由で小田急。うーん、この通勤のほうが楽だなあ。帰宅後、神奈川新聞よりメール。連載は震災でちょっと休載。そりゃそうだろうよ。

3月16日（水） ようやく横浜線動く。定期で通勤する。4号機の火災続く。外国人が逃げ出したらしいが、東横線のなかではまだ外国人をよく見る。あきらかに旅行の格好はしていない。

まだ外に食べに行く気力がないので、自宅にあった子どもの作ったサンドイッチを持ってきたので、それを食べて仕事をする。ただ、ちょっと本を見たくなったので、恵比寿駅のアトレの有隣堂に。なんと駅前に最近できた「富士そば」の前で社長の丹さんと遭遇。ご挨拶をする。

3月17日（木） うららかな天気。春のすてきな一日という感じだが、地震と原発で気持ちがとても重い。定期で通勤。昼間、中目黒の図書館に行く。「ステーキのくいしんぼ」でショウガ焼きランチ４９０円。鉄板の上で豚肉ともやしが焼けて出てくるタイプ。ジュージュー焼けている豚肉ともやしが、涙が出るほどうまい。ご飯も炊き立てだったようで実にいい。この店はご飯のお代わりもできるので、半ライスをもらって食べて深く深く満足する。やっぱり食べないとね。考えてみれば震災から5日経ってようやく定食を食べる気になったわけだ。

自衛隊の放水開始。電源復旧の動きもあり、やや明るさが見えてくるが、いつ爆発するかとネットとテレビばかり見てしまう。自宅に帰ると、家族がリビングに寝ていた。都心にいるとわからないが、郊外は計画停電が日常生活を直撃しているのだ。やむなく、リビン

「ステーキのくいしんぼ」中目黒店でショウガ焼きランチ490円。この写真は後日食べたもの。その後ディスカウントされて399円になった。スゴイ安さ

グの台所ゾーンに立って、小さい照明だけつけて焼き魚とか食べてわびしくなる。ご飯がまずいが、これは炊飯器がダメになっているせいで、新しいのを買わないといけない。それにしても被災している人たちはもっと苦しいんだよなとか、本当に素直に考えてしまう。

3月18日（金） 朝、等々力で用事。すごい良い天気。終了後、尾山台まで歩くとステキな定食屋がある。ただ時間が早いので今度入ろう。なんだか日常が戻ってきた感じがする。穏やかな春の日。ただ、穏やかでこのまま日常に戻ればいいなと思っていると、すぐさま大きな余震がきたり、原発でさらに深刻な状況となったりと、まったく油断ができないのだ。特に電車に乗っていると携帯の緊急地震速報が鳴り、電車がすぐ止まることも最近は多い。なぜかこの時期はＭＰ３でずっと加山雄三全集を聞いていていて、「海はいいぞお」という彼のメッセージと現実の状況のミスマッチがなんだかスゴかった。ただ、携帯で情報を見ることもなくただ歩いている分には気持ちいいので、自由が丘まで歩く。意外と近いな。恵比寿に戻り、夕方渋谷まで歩いて「鮪市場」という海鮮丼のチェーン店で「まぐろとアナゴのどんぶり」を食べる。４９０円でとてもおいしい。おいしいもの食べると元気が出る。

3月19日（土） 18日から19日になった夜中、12時30分より原発で東京消防庁の放水があり効果があった。彼らの行為は原発で作業を続けていた人たちと同様に、まさに「天下を励ました」。

翌朝。今日は休む。子どもの通学バッグを買いに町田。キャンドゥでろうそくを売っていたので買う。計画停電のためだ。電池、特に単1電池はまったく見ない。単3、4は割と売っているようになった。

夜は町田の「みんみん」に焼き肉を食べに行く。食べていると元気になるけど原発はやはり心配だ。

3月20日（日） 札幌へ。遅い飛行機なので蒲田から行くことに。蒲田のアストの中華料理「パンダ」でチャーハン。ここのチャーハンは普通にうまい。新千歳に着くと何事もなかったかのよう。千歳空港の「ユック」でにしん焼き定食を食べる。これが久々の定食紀行の取材となる（P92）。

ＪＲで札幌に着くと、札幌の街もまた、若干節電している程度。妙に安心する。用事の後、宿泊先のホテルに行くと結構込んでいる。ホテルに付いている露天風呂も人が割といる。明日は忙しいので早く寝る。

3月21日（月） 札幌。ぐっすり寝たためか、時間がなくて、あまりホテルの朝飯食べられず。1日用事。油断していると、また3号機で黒い煙、2号機は大量の水蒸気で作業中止とのこと。せっかく復旧のめどがたっているのに。おいおい。

用事の後、豚丼を食べに札幌駅まで行くが閉まっていたので、エスタの蕎麦屋で天丼セット。エビ天がすばらしいうまさ。

3月22日（火） 今日はゆったりホテルの朝飯を食べる。宿泊しているホテルの朝食は本当にコーンポタージュがうまい。とうもろこしの甘さがたまらん。札幌の用事を終え、牛たん定食をごちそうになる。あまりにうまくて麦飯をお代わりする。ようやく用事が終わり、少しだけ古書店を見る。その後「ありんこ」でおにぎりを買い、機内食にする。それにしてもデカいおにぎりだ。どうやら煙騒動も収まり、すべてに電気が通じたようでめでたい。東京に帰ってくるとタイミングよく雨はやんでいた。羽田からの高速バスは、ベイブリッジから見たMM21が照明がついていなくて暗くて異様な感じ。また、非日常の首都圏に戻ってきたのだ。

3月23日（水） いろいろ打ち合わせや会議。水道水に放射性物質と。雨のせいだなと思う。気になり始めたので、インターネットで毎日個人の方がやっているガイガーカウンターを見始める。

3月24日（木） 子どもの卒業式。めでたい日で、子どもたちも屈託はないが、将来のことを考えるととても気持ちが暗い。やはり子どもを四国に疎開させることもありかなと何度も考えてしまう。夜はまた焼き肉を食べに行く。それほど客がいない。1号機に照明がつき、ちょっとずつ状況よくなる気配がある。

3月25日（金） 水道橋で人に会い、東京ドームホテルの寿司屋で地方からやって来た人たちと会食。人がとても少ない…。というよりほとんど人がいない。閑散としている。地方から来た人たちは、盛んに来年の話をする。

14日に来た客の時もそうだが、どうにも地方と東京の「気分」の違いがものすごくあるなあと実感する。でも間違いなく、東京の我々と、東北や福島の人たちの「気分」の差に比べるとこんなもんじゃないだろうなと思う。

雨が降りそうな重たい夜空。雨がかなり怖いので急いで帰る。

3月26日（土） 晴れた土曜日。光文社の新書で使うこともあって、自由が丘の浅野屋でパンを買う。2号機にも電気がつく。恵比寿で仕事をする。

3月27日（日） 2号機建屋のなかですさまじい量の放射性物質。気持ちがまた暗くなる。しかしそれは間違いで、そこまでのものではなかったと判明。ほっとする。…が、ほっとすることと暗くなることの繰り返しで結構つらい。

3月28日（月） うららかな春の日。四谷。ある座談会。暖かくてよい日なのに、震災と原発で気持ちは暗い。とうとうプルトニウムが土壌から出たよ。秋葉原、御徒町で買い物して恵比寿に。

3月29日（火） 4号機にも電気。すべて電気がつく。

3月30日（水） 今度は海に汚染水が漏れていることがわかる。次から次へといろいろ起きる。なんだか原発のニュースに支配されている日々はまだまだ続くのだった。

※諸事情のため若干事実関係を調整しているところもあります。

店舗索引

あとがき

弁当派も魅了される愛にあふれた様式美

毎回楽しく「かながわ定食紀行」を拝読していると、ある種の〝様式美〟があることに気づく（原稿がワンパターンとは言いません）。

まずは店選びとメニュー決定。ここぞと心に決めて一直線に突き進むこともあれば、おなかすいたなぁと街をさまよい歩いて初めての店に挑戦することも。そしてメニューをつぶさに物色。どういう理由で選択するのか、ここで既に結構ワクワクしてしまう私。「ひらめいた」とか「おいしそう」とか、単純至極なことが多いのもご愛敬だ。

注文が済むと、始まるのが店内観察。出された水やお茶を飲みながら、店の造りや客層、厨房奥で繰り広げられる料理の進行具合…。ありふれていそうで店ごとに異なるテイストに彩られて、読み応え十分。新聞記者風にいうと、まさに「現場を踏んでいるからこそ書ける、臨場感あふれるシーン」。食べ歩きの面目躍如といつも心の中で拍手しながら読んでいる。

そしてお待ちかねの定食登場。おもむろに味噌汁（もしくはスープ）を一口。ここで具の言及を怠らないのがうれしい。そしてメインへ。付け合わせや小鉢やご飯の量にいたるまで、懇切丁寧なリポートが展開される。その名調子は本文を読んでいただくとして、とにかく「食べてうれしい！」「このおいしさに出合えて感謝！」の思いがずんずんと伝わってくる。

発端から、印籠を掲げるクライマックスを来るぞ来るぞと待ち焦がれる「水戸黄門」のドラマを見ているようでもあるが、そこがまたよい、とファンは思っているはずだ。

と書いている私は、もちろんファンではあるが、隔週で届く今さんの原稿を文化部で真っ先に読む栄誉に浴しながら、実は部内で一番「定食」に縁遠い人間なのだ。

今さんは、学生時代の1人暮らしに伴う野菜不足と栄養のアンバランス解消のため、「外食といえば定食」と思い定めて、定食道をひたすら究められたそうだが、食いしん坊の私は（できる限りの範囲ではあるが）外食よりも「自炊&弁当」コースを選んだ。それでも取材であちこち出歩いていたころは外食もしたのだが、ここ10年以上はもっぱら弁当。弁当作りのための朝の少々の早起きも（元気なときは）苦にならない。なにしろどんなに仕事が忙しくても食べはぐれる心配がない（新聞記者は、まじめ人間ほど食事時間がとれない）。野菜だって思う存分詰められる（レパートリーは限られるけど）。そして何より懐に優しい。ついでにいまは中学生の娘の分も作らねばならないのだ（母親はつらいぜ）。とにもかくにも、ビバ、弁当。

とすっかり「弁当派」の私だが、「定食紀行」を読むと外食にともなう店や街や人との出会いがとても魅力的で、「あぁ、たまには外食してみようかな」と思う。ただしふだん昼食代はゼロなので、大枚（？）はたく踏ん切りがなかなかつかない。圧倒的に修行不足なので、今さんのように「ステキな店」を探し出せる自信も皆無。あ、そういう人のためにこの本があるのではないか（よかった、よかった）。

ちなみに隣の席のSデスクは「昼食外食派」で、「千円を超える定食は、サラリーマンにはきついですよ」と、毎回鋭く値段をチェック。ゴージャス路線（？）が続くと「この連載は、庶民の視線を忘れちゃいけませんよ」とぶつぶつ文句をいう。

しかし、そんな彼もまたこよなく「定食紀行」を愛していることは間違いない。

弁当派をも魅了する、定食愛に満ちあふれた様式美の世界を、これからも書き続けてください。

神奈川新聞社文化部長　青木幸恵

著者略歴

今 柊二（こん・とうじ）
1967年生まれ。横浜国大卒。大学時代から17年間横浜暮らし。現在町田市在住。定食評論家。著作に「定食バンザイ！」（ちくま文庫）、「定食学入門」（ちくま新書）、「定食ニッポン」「立ちそば大全」（竹書房文庫）、「定食と文学」（本の雑誌社）、「かながわ定食紀行」「かながわ定食紀行おかわり!」（神奈川新聞社）など。

かもめ文庫――――――66

かながわ定食紀行 もう一杯！

2012年10月1日　初版発行

著　者　今 柊二
発　行　神奈川新聞社
〒231-8445　横浜市中区太田町2-23
電　話　045(227)0850（企画編集部）
F A X　045(227)0785

Printed in Japan　　ISBN978-4-87645-496-9　C0195

「かもめ文庫」発刊について

明治の近代化から一世紀余り、戦後の米軍進駐からすでに三十年余、神奈川といえば日本のどこよりも移動の激しい土地柄、変化の目まぐるしい地域社会として知られています。特に戦後は、都市化・工業化と呼ばれる時代の波を頭からかぶり、郷土かながわの山河・人心は一変しました。

しかし、自らの足もとを見直そう、自分の生活周辺をもう一度見つめ直したいという欲求は、年とともに高まるばかりです。神奈川生まれでない神奈川県民、ふるさとを別に持つお父さんお母さんのあとに、いまではたくさんの神奈川生まれが続いています。

イギリスに「われわれは、別れるためにのみ会っている」という古いことわざがあります。日本語の「会者定離」や「会うは別れの始め」をほうふつさせます。茶道から出た「一期一会」も同じ根っこからの発想と申せましょう。私たちは離合集散の激しい社会、うつろいやすい時代に生きているからこそ、ただひとたびの出会いを大切にしたいものです。

「かもめ文庫」は、七百万県民の新しい出会いの場、触れ合いの文庫として創刊されました。照る日・曇る日、いつも私たちの頭上で無心に舞っている県の鳥カモメ。私たちはこの文庫を通し、神奈川の昨日・今日・明日に出会うことを願って、一冊一冊を編んでいきたいと思います。

1977年11月

かながわ定食紀行　かもめ文庫63

今 柊二 著

サバ味噌、トンカツ、オムライス…。神奈川県内50の町で出合ったうまい店、地元の人々が足繁く通う街角の食堂を紹介する。漫画家・しりあがり寿さん登場の〝定食座談会〟も収録。

■文庫判　200頁　定価798円（本体760円＋税）

新装版かながわのハイキングコースベスト50ぷらす3　かもめ文庫64

山本正基 著

神奈川県内で楽しく散策できる53コースを紹介するハイキングガイド。初級～中級者向けに3時間ほどのコースを安全に歩くコツを分かりやすく解説する。コース毎に各地の見どころや付帯施設を掲載。

■文庫判　256頁　定価798円（本体760円＋税）

かながわ定食紀行 おかわり！　かもめ文庫65

今 柊二 著

「かながわ定食紀行」の続編。再び県下50軒の食堂を探訪しつつ定食のある街、駅や鉄道のことなどを綴った心温まるガイドエッセイ。県外の珍しいメニューや全国のおでんダネ談議など番外編も充実。

■文庫判　224頁　定価798円（本体760円＋税）